Frederick Soddy

Die Rolle des Geldes

Was es sein sollte, im Gegensatz zu dem, was es geworden ist

OMNIA VERITAS®

Frederick Soddy
(1877-1956)

Englischer Chemiker und Empfänger
Träger des Nobelpreises für Chemie 1921

Die Rolle des Geldes
Was es sein sollte, im Gegensatz zu dem, was es geworden ist

THE ROLE OF MONEY
What it should be contrasted with what it has become

Erste Ausgabe, London: George Routledge & Sons Ltd, 1934

Übersetzt und veröffentlicht von
Omnia Veritas Ltd

☉MNIA VERITAS®
www.omnia-veritas.com

© Omnia Veritas Ltd – 2025

VORWORT

Dieses Buch versucht, das Geheimnis des Geldes in seinem sozialen Aspekt zu lüften. Da das Geldsystem der ganzen Welt im Chaos versinkt, wurde dieses Geheimnis noch nie so sorgfältig gepflegt wie heute. Und das ist um so merkwürdiger, als es nicht den geringsten Grund für dieses Geheimnis gibt. Dieses Buch wird zeigen, was Geld heute ist, was es tut und was es tun sollte. Daraus wird sich die Erkenntnis ergeben, was die wahre Rolle des Geldes schon immer war. Der Standpunkt, von dem aus die meisten Bücher über modernes Geld geschrieben werden, hat sich umgekehrt. In diesem Buch wird das Thema nicht aus der Sicht der Banker behandelt - wie diejenigen genannt werden, die den weitaus größten Teil des Geldes erschaffen -, sondern aus der Sicht der ÖFFENTLICHEN, die gegenwärtig wertvolle Güter und Dienstleistungen an die Banker abgeben müssen im Gegenzug für das Geld, das sie so geschickt erschaffen haben und erschaffen. Das ist es doch, was die Öffentlichkeit wirklich über Geld wissen will.

In Athen und Sparta wurde bereits zehn Jahrhunderte vor Christi Geburt erkannt, dass eines der wichtigsten Vorrechte des Staates das alleinige Recht zur Ausgabe von Geld war. Wie merkwürdig, dass die einzigartige Qualität dieses Vorrechts erst jetzt wiederentdeckt wird. Die "Geldmacht", die es vermochte, eine angeblich verantwortungsbewusste Regierung zu überschatten, ist nicht die Macht der Ultrareichen, sondern nicht mehr und nicht weniger als eine neue Technik, die darauf abzielt, Geld zu schaffen und zu vernichten, indem man Zahlen in den Bankbüchern hinzufügt und zurücknimmt, ohne die geringste Rücksicht auf die Interessen der Gemeinschaft oder die wirkliche Rolle, die das Geld darin spielen sollte.

Die profunderen Studenten des Geldes und in jüngerer Zeit auch einige wenige Historiker haben die enorme Bedeutung dieser Geldmacht oder -technik und ihre Schlüsselstellung bei der Gestaltung des Weltgeschehens durch die Jahrhunderte erkannt. In diesem Buch werden die Herangehensweise und die Philosophie des Geldes im Lichte einer Gruppe neuer Lehren erläutert, die unter dem Namen *Ergosophie* zusammengefasst werden und die Wirtschaft, Soziologie und Geschichte eher mit dem Blick des Ingenieurs als mit dem des Humanisten betrachten. Sie befasst sich weniger mit den Einzelheiten der einzelnen vorgeschlagenen Währungsreformen als mit den allgemeinen Grundsätzen, denen nach Ansicht des Autors jedes Währungssystem letztlich entsprechen muss, wenn es seine Rolle als Verteilungsmechanismus der Gesellschaft erfüllen soll. Wenn man zulässt, dass es zu einer Einnahmequelle für private Emittenten wird, schafft man erstens einen geheimen und illegalen Arm der Regierung und zweitens eine rivalisierende Macht, die stark genug ist, um letztlich alle anderen Regierungsformen zu stürzen.

KAPITEL I

DER PHILOSOPHISCHE HINTERGRUND - ERGOSOPHIE

DIE Zielsetzung

Es sind nun etwa sechzehn Jahre seit dem Ende des großen Ereignisses vergangen, das den Menschen und seine Möchtegern-Herrscher und Mentoren für alle sichtbar machtlos im Griff der Kräfte zeigte, die ihre Technologen sicher in Ketten gelegt hatten, die der Krieg aber freigesetzt hatte. Im allgemeinen Bewußtsein ist man sich darüber im klaren, daß diese Generation die wahre Geburtsstunde einer neuen Ära erlebt, die vom Fortschritt der physikalischen Wissenschaften diktiert wird, und daß sie nichts denjenigen zu verdanken hat, die bisher am lautesten debattiert oder am deutlichsten versucht haben, die Dinge zu lenken. Es wächst die Verzweiflung darüber, dass ein so glanzvolles Zeitalter, das die edelsten Verheißungen eines großzügigen Lebens in sich birgt, in so unkundigen und unfähigen Händen liegt.

Das Währungssystem ist obsolet

Überall dämmert jetzt das Bewußtsein nachdenklicher Menschen, daß dieses Zeitalter Elemente enthält, die von den älteren Systemen der Regierung, der Wirtschaft, der

Soziologie oder sogar der Religion nicht verstanden werden oder in ihnen enthalten sind, und daß es auf neue Prinzipien zurückzuführen ist, die in die Basis eingeführt werden müssen und keineswegs durch eine Änderung des Überbaus der Gesellschaft bewältigt werden können. Noch bemerkenswerter, fast unglaublich für diejenigen, die bisher die verlorenen Stimmen in der Wüste waren, ist die schnell wachsende Übereinstimmung, dass es das veraltete und gefährliche Geldsystem ist, das in erster Linie die Schuld trägt. Es ist dieses völlig empirische und defätistische Regelwerk, das mit der wissenschaftlichen Expansion der Lebensmittel gewachsen ist, das nicht nur für die gegenwärtige Lähmung, sondern auch für den Großen Krieg selbst verantwortlich ist. Alle sind sich einig, dass zumindest in diesem Bereich ein Wandel unvermeidlich ist, wobei der einzige Zweifel darin besteht, ob irgendein Teil des Systems, das aufgrund mangelnder Vorstellungskraft in Bezug auf das, was hätte sein können, immer noch als "in der Vergangenheit gut funktioniert" bezeichnet wird, in der Zukunft überleben kann.

Das vorliegende Buch kann daher nicht umhin, von grundlegender Bedeutung zu sein, wenn es überhaupt gelingt, seinen Platz in der Neuen Weltreihe auszufüllen, die nichts Geringeres ist, als ein Führer und eine Leuchte für diejenigen zu sein, die das Schicksal auswählt, um die neuen Führer der großen, wenn auch nicht notwendigerweise gewaltsamen Veränderungen zu sein, die uns bevorstehen. Als der Krieg die Aufmerksamkeit aller auf die schwerwiegenden Gefahren lenkte, die eine wissenschaftliche Zivilisation umgeben, und zwar durch das Ausmaß der zerstörerischen Kräfte, die die Wissenschaft in die Hände der Nationen gelegt hat. Der Autor, der immer noch nur in Begriffen der rohen Kraft dachte, unternahm eine originale Untersuchung der tatsächlichen physikalischen Grundlagen der Konventionen und Halbwahrheiten, die als Wirtschaft gelten, und insbesondere derjenigen, die dem Verteilungsmechanismus zugrunde liegen, der in einer monetären Zivilisation das Geldsystem ist. Seine wichtigste Schlußfolgerung, von der er aufgrund späterer Ereignisse nicht abrücken konnte - sie ist heute eine Binsenweisheit -, lautete, daß nichts Nützliches getan werden kann, solange nicht ein wissenschaftliches Geldsystem ( ) an die Stelle des jetzt ständig zusammenbrechenden tritt.

Die Konsequenz daraus dürfte jedoch zumindest bei unseren Berufspolitikern nicht beliebt sein. Wenn man so etwas täte, wäre kaum noch eine willkürliche Einmischung in und staatliche Kontrolle über die wesentlichen Tätigkeiten der Menschen bei der Verfolgung ihres Lebensunterhalts erforderlich. So wie heute nicht einer von Tausend versteht, warum das bestehende Geldsystem ihm so viel Schaden zufügt, so würde, wenn es so korrigiert würde, wie hier skizziert, nicht einer von Tausend zu wissen brauchen, dass es korrigiert wurde oder wie es korrigiert wurde, außer an den Folgen. Denn das Ziel des vorliegenden Buches ist es, zu zeigen, wie das Geldsystem auf ein System reduziert werden kann, das genau denselben Charakter hat wie das unserer Standardmaße und -gewichte.

Der Standpunkt der Gemeinschaft

Es wird notwendig sein, auf das Zusammenspiel der Umstände näher einzugehen, die diese Fragen gleichzeitig so wichtig für das soziale und wirtschaftliche Wohlergehen der Gemeinschaft und so völlig außerhalb der Denkweisen machen, die dem Einzelnen zu eigen sind und ihn in seinen privaten Angelegenheiten leiten. Ein großer Teil der

Schwierigkeit besteht natürlich darin, daß bisher gebräuchliche Begriffe absichtlich in einem völlig neuen Sinne verwendet wurden und oft das Gegenteil von dem bedeuten, was normalerweise gemeint ist, wie zum Beispiel *Bargeld* und *Kredit*. Vieles ist auch auf die falsche Vorstellung davon zurückzuführen, was für einen Einzelnen zweifellos Reichtum darstellt, wenn es nicht um den Einzelnen, sondern um die Gemeinschaft geht. Aus diesem Grund erfordert die technische Untersuchung des Geldes in besonderer Weise die Fähigkeit zur Verallgemeinerung und oft sogar die völlige Umkehrung der Vorstellungen, die den Einzelnen betreffen. Diese Faktoren fehlen leider nicht nur in der sogenannten Geldwissenschaft, sondern in gleichem und noch größerem Maße in den grundlegenden Systemen der orthodoxen Wirtschaftswissenschaften, zu denen die Geldwissenschaft gehört.

In den unruhigen Zeiten, in denen wir leben, hat sich aus einer Reihe unabhängiger und auf den ersten Blick recht unverbundener Wurzeln eine Gruppe von Lehren entwickelt, die man grob als Anwendung der Prinzipien der Wissenschaften der materiellen Welt, der Physik und der Chemie, auf die Wirtschaft und die Soziologie beschreiben kann. Ihr gemeinsames Merkmal besteht darin, dass sie alle auf das ursprüngliche Denken wissenschaftlicher Männer - hauptsächlich Ingenieure und Physiker - zurückgehen, die mehr an physikalischen Realitäten interessiert und daran gewöhnt sind, in Begriffen zu denken als in denen sozialer oder rechtlicher Konventionen, und die sich kaum mit den Problemen und Kontroversen der Individual- oder Klassenökonomie befassen, sondern mit der Bedeutung breiter allgemeiner und völlig unausweichlicher Prinzipien, insbesondere der Prinzipien der Energetik, im Hinblick auf das Wohlergehen ganzer Gemeinschaften, die von der Produktion und Verteilung des Reichtums betroffen sind.

Soziale Bedeutung der Energetik

Zumindest nach Ansicht des Autors verspricht diese neue Entwicklung für die Wissenschaft vom menschlichen Wohlergehen von weitaus größerer und dauerhafterer Bedeutung zu sein als der frühere Einbruch der Biologie im letzten Jahrhundert, der zur Evolutionslehre führte. Der Grund dafür ist, dass sie einen starren Rahmen für die grundlegenden physikalischen Gesetze vorgibt, der gleichermaßen für Menschen wie für Maschinen gilt und in dem es eigentlich überhaupt nichts Kontroverses gibt. Der Hauptkritikpunkt an einer solchen Herangehensweise an soziologische Fragen wäre gewesen, dass der Mensch keine Maschine ist, und dass in der Ökonomie, wie in ihrer Unterteilung, dem Geld, psychologische Faktoren und Überlegungen mindestens genauso wichtig sind wie die rein physikalischen Faktoren, wenn nicht sogar wichtiger als diese.

Aber dieses Argument, sofern es nicht offen einen Glauben an physikalische Wunder postuliert - an die Macht des menschlichen Geistes, nach Belieben 2 2 + = 5 zu schaffen -, was auch immer es einmal gewesen sein mag, ist heute durch die Ausdehnung der exakten Wissenschaften auf diese Bereiche weitgehend überholt. Es gibt, gab und wird vielleicht nie eine Art von Gleichheit in der Bedeutung zwischen dem Physischen und dem Psychologischen geben. In der Sphäre der Verteilung zum Beispiel, oder des Geldes als Verteilungsmechanismus, ist alles, was die Psychologie tun kann - und dasselbe gilt auch für das

"Bankwesen", wie es geworden ist -, Peter zu berauben, um Paul zu bezahlen.

Energietheorie des Wohlstands

Einer der wichtigsten Beiträge dieser Lehren ist eine kohärente Energietheorie des Reichtums und die daraus resultierende scharfe Unterscheidung zwischen Reichtum und dem Eigentum an einer Schuld. Dies offenbart vieles, was unbestreitbar ist, was den drohenden Zusammenbruch der modernen wissenschaftlichen Zivilisation betrifft, um ihr den richtigen Namen zu geben, auch wenn sie gewöhnlich fälschlicherweise kapitalistische Zivilisation genannt wird. Es stimmt, dass das "Kapital" in seinem eigentlichen physikalischen Sinne sein markantestes oberflächliches Merkmal ist. Aber in diesem Sinne ist das Kapital das unverbrauchbare Produkt des unwiderruflichen Verbrauchs oder der Verausgabung von Reichtum, der notwendig war, um die neuen Produktionsmethoden vorzubereiten und zu ermöglichen. Aufgrund der modernen Methoden der Energieerzeugung ist viel mehr davon notwendig als bei den alten Methoden. Außerdem ist er zwar gegen neuen Reichtum austauschbar, aber nicht in ihn umwandelbar. Aus der Sicht von erscheint das Kapital als Schuld und nicht als Reichtum.

Die orthodoxe Ökonomie war noch nie etwas anderes als die Klassenökonomie der Besitzer von Schulden. Wenn ihre Autoren jemals versucht haben, eine breitere gesellschaftliche Anwendung zu finden, haben sie sich schlichtweg lächerlich gemacht, wie zum Beispiel, wenn man sich feierlich darauf gefreut hat, dass das Jahrtausend durch die Anhäufung von so viel Kapital kommen würde, dass es allen gut gehen und sie sich wohlfühlen würden, indem sie vermutlich von den Zinsen ihrer gegenseitigen Verschuldung leben würden. Auf dem Gebiet des internationalen Handels galt bis lange nach dem Krieg das Diktum, dass eine anhaltend günstige Handelsbilanz für die Existenz der starken Nationen unabdingbar sei, was die Fortführung ungünstiger Bilanzen für die schwachen Nationen implizierte. Es wurde behauptet, dass diesem Land eine Katastrophe drohe, wenn es nicht gelinge, die frühere Rate der Auslandsinvestitionen aufrechtzuerhalten, indem es dem Ausland alles zurückgibt, was es an Zinsen und Tilgungsmitteln für frühere Investitionen erhalten hat, und wenn möglich mehr als das. Dies sind gute Beispiele für die Verschuldung des Reichtums und die Ersetzung der physischen Realität durch soziale und rechtliche Konventionen.

Ergosophie

Es ist zweckmäßig, der Gruppe von miteinander verbundenen, aber mehr oder weniger unabhängigen Lehren, die unter Begriffen wie Cartesianische, Physikalische oder Neue Ökonomie, Soziale Energetik, Zeitalter des Überflusses und Technokratie zusammengefasst sind, einen Namen zu geben, einschließlich der Implikationen dieser Lehren im Hinblick auf die Probleme der Verteilung und der neuen Philosophie des Geldes, mit denen sich dieses Buch besonders befasst. Zu diesem Zweck wird ein neues Wort verwendet: Ergosophie. Es bedeutet die Weisheit der Arbeit, Energie oder Kraft, im rein physischen Sinne. Geistige oder intellektuelle Aktivitäten, auf die diese drei Begriffe oft locker angewandt werden, werden besser als Anstrengung, Fleiß oder Aufmerksamkeit bezeichnet.

Es gibt viele Gründe, die ein solches neues Wort oder einen solchen Begriff wünschenswert machen. Bisher hat es keine wirkliche Sozialphilosophie gegeben, die sich ausschließlich aus den universell befolgten Gesetzen der physischen Welt ergibt. Andererseits war die Technik von jeher zu sehr dazu geneigt, als eine Art Sklave oder Diener wortreicher, prätentiöser und impressionistischer humaner Philosophien und Religionen betrachtet zu werden. In der Tat wäre es kaum eine Karikatur der Zivilisation, wie sie sich bis heute entwickelt hat, wenn man sie als einen Versuch beschreiben würde, die Ungerechtigkeit, Gott zuzuschreiben, was der Wissenschaft gehört, dadurch zu kompensieren, dass man dem Kaiser das zuschreibt, was Gott gehört. Die Technokratie, zumindest in einer ihrer Inspirationsquellen, dem Vorschlag von Thorstein Veblen, einen Sowjet von Technikern zu gründen, der die Kontrolle über die Welt übernehmen sollte, ist wahrscheinlich eine der ersten kollektiven Anfänge dieser Malversation. Solange wir einfache Leute haben, die eine pathetische Duldung der Frömmigkeit an den Tag legen, die für alle guten Dinge des Lebens dankt und sie der Vorsehung zuschreibt, zusammen mit alles andere als einfachen Leuten, die völlig ungläubig sind, aber dennoch stillschweigend daran glauben, viel gewaltsamere Methoden zu praktizieren, um sie zu erhalten, solange wird die Zivilisation ein glückliches Jagdrevier für die Raubtiere und die Besitzgier und eine Wildnis für das Originelle und Kreative sein. Die neue Philosophie, die der mechanischen Wissenschaft den ihr gebührenden Platz in der Dreifaltigkeit der Weisheit einräumt, sollte es leichter machen, dem Kaiser zu geben, was des Kaisers ist, und Gott, was Gottes ist.

Reichtum und Kalorien

In erster Linie rehabilitiert die Ergosophie mit einer präzisen Bedeutung das altmodische und unverzichtbare Wort *Reichtum*, das der orthodoxe Ökonom, der noch weniger über den angeblichen Gegenstand seiner Studien wusste als die ursprünglichen Begründer des Fachs, die französischen Physiokraten, zu sehr als selbstverständlich ansah. Für ihn war der Erwerb von Reichtum gleichbedeutend mit dessen Erschaffung, da er letztlich irgendwie durch göttliches Wirken entstanden war. Er war besessen vom Handel und vom merkantilen Austausch und vernachlässigte dabei die technischen Prinzipien, die jeder neuen Produktion von Reichtum zugrunde liegen. Bis heute sind wir von einem Handelssystem beherrscht, das den größten Teil des Vorteils, der durch die Erleichterung der Arbeit bei der Erzeugung von Reichtum gewonnen wurde, in der Verteilung verpufft. Er verstrickte sich in eine Menge offensichtlicher Ungereimtheiten und schien es denjenigen, die seine Spitzfindigkeiten nicht kannten, übel zu nehmen, wenn sie den Begriff Reichtum überhaupt benutzten. Selbst die Orthodoxen sind heute äußerst sparsam im Gebrauch des Wortes. Die in letzter Zeit in den Zeitungen geführte Diskussion über das Einkommen, das notwendig ist, um unter anderem genügend Lebensmittel zu kaufen, um eine Familie bei Gesundheit und Arbeit zu ernähren, hat eine Bedeutung, die man vielleicht übersehen hat. Die ganze Frage drehte sich um die Anzahl der Energiekalorien, die in den Nahrungsmitteln selbst enthalten sind, und die, wenn nötig, durch Verbrennung in einem Kalorimeter nachgewiesen werden sollten. Das ist Ökonomie, auch wenn sie noch nicht als solche erkannt wird.

Marxismus obsolet

Man sollte nie vergessen, dass die viktorianische Ökonomie im Wesentlichen eine Klassenökonomie war, in der die eigentlichen Produzenten des Reichtums im Unterschied zu den Arbeitgebern und Eigentümern nur allmählich und mit Verspätung überhaupt berücksichtigt wurden. Aber unter den akzeptierten Doktrinen der linken und revolutionären Bewegungen sieht es nicht besser, sondern schlechter aus. Mit einer klareren Anerkennung der sozialen Implikationen der Energie erscheinen unsere politischen Kontroversen hauptsächlich als Folge wirtschaftlicher Verwirrungen. In einem Zeitalter, in dem die Menschen mehr und mehr von ihrer Funktion als körperliche Arbeitskräfte durch rein unbelebte Kraftquellen verdrängt werden und Gefahr laufen, durch automatische Mechanismen weitgehend aus dem Produktions- und Verteilungskreislauf herausgenommen zu werden, wäre es unglaublich, wenn es nicht wahr wäre, dass ein so großer Teil der Welt fälschlicherweise so dargestellt wird, als ob er von den Lehren von Karl Marx über den Ursprung des Reichtums in der *menschlichen* Arbeit beherrscht würde. Jeder Handwerker muss wissen, dass dies heute nicht mehr zutrifft. Die Ansichten von Marx über Geld waren im Verhältnis zu seiner Zeit sogar noch veralteter als seine Ansichten über Reichtum, und es war bezeichnend für die Aussagen vor dem Macmillan-Ausschuss, dass die Marxisten anscheinend die letzten waren, die ihren primitiven Glauben an Gold als Zahlungsmittel und an den Goldstandard aufgegeben haben.

Beziehungen zwischen Völkern und Regierungen

Wenn, wie es den Anschein hat, diese veralteten Ideen und die Doktrinäre, die sie ausnutzen, rasch ihren Einfluss auf die Öffentlichkeit verlieren, und wenn eine wachsende Zahl von Menschen aller politischen Richtungen zu den grundlegenderen Revolutionen erwacht, die durch den Fortschritt der Wissenschaft unausweichlich geworden sind, dann ist es möglich, für dieses und andere Länder, die noch nicht von der Revolution überholt wurden, einen ganz anderen und vernünftigeren, wenn auch prosaischeren Verlauf der Ereignisse zu erwarten. Denn es ist kein Fortschritt, die Gottheit von der Funktion des universellen Versorgers zu entbinden und an ihrer Stelle die Regierung einzusetzen. Veblen war viel näher an der Realität, als er den Technologen ersetzte. Zumindest in den wirtschaftlichen Angelegenheiten der Nation wäre es keine schlechte Sache, wenn die gewöhnlichen praktischen Regeln des Geschäftslebens befolgt würden, wobei Erfolg und Ehrlichkeit durch Beförderung gefördert würden und Unfähigkeit und Korruption eine Entlassung nach sich zögen, ähnlich wie bei allen anderen bezahlten Beamten.

Physikalische Interpretation der Geschichte

Auch die Geschichte scheint dem gleichen Vorwurf wie die Wirtschaft nicht entgehen zu können. Wenn wir bei anderen Revolutionen nicht die Handlungen und die lauthals verkündeten Motive der streitenden Parteien untersuchen, sondern vielmehr die dauerhaften und bleibenden Früchte des Kampfes, scheint es kaum Ähnlichkeiten zu geben, wenn überhaupt. Die Historiker scheinen sich dem Vorwurf auszusetzen, dass sie eher das aufzeichnen, was nach ihren einseitigen philosophischen Vorstellungen hätte geschehen sollen, als das, was wirklich geschehen ist. In der Tat scheinen sich die aufeinanderfolgenden politischen Gruppierungen gegenseitig aufgehoben zu haben, bis durch einen Prozess der Eliminierung die neuen Faktoren in der Welt, die eine befriedigendere und intelligentere Lebensweise erlaubten und sogar erzwangen, freieres Spiel bekamen. Dann, und nur dann, legte sich der Aufruhr.

Dies ist zumindest die Interpretation der Geschichte durch Sydney A. Reeve, einen amerikanischen Ingenieur, der sich seit dreißig Jahren dem Studium der großen historischen Kriege und Revolutionen der Vergangenheit vom Standpunkt der sozialen Energetik aus widmet. Seine Schlussfolgerung, dass diese schrecklichen und verheerenden Explosionen hätten vermieden werden können und in Zukunft verhindert werden können, ist natürlich von größter Bedeutung in der gegenwärtigen Lage der Welt. Das Streben der Menschen nach Fortschritt kann als selbstverständlich angesehen werden. Selbst bei völliger Verfinsterung sind sie nicht tot, sondern nur latent vorhanden. Aber ob sie zu ihrer Verwirklichung gelangen und nicht nur zu einer passiven oder aktiven Revolte, die von vornherein zur Vergeblichkeit verdammt ist, ist letztlich eine Frage der physischen Ressourcen und nicht der psychischen Einstellungen der Menschen. Ohne einen Überfluss, der wegen der Zerstörung, die diese Ausbrüche mit sich bringen, umso notwendiger ist, sind die tapfersten und heroischsten Bestrebungen vergeblich.

Die Wahrheit über „Materialismus"

Das mag nach schäbigem und ungelöstem Materialismus klingen und in den Ohren vieler Menschen einen unheilvollen Klang haben. Doch nichts als Unwissenheit oder Schlimmeres könnte es so erscheinen lassen. Es ist besser, auf diejenigen zu hören, die die Wüste wie eine Rose zum Blühen gebracht haben, als auf diejenigen, die aus schönen Feldern Schlamm und Blut gemacht haben; auf diejenigen, die von den Sternen das Füllhorn geholt haben, das Jupiter gesäugt hat, als auf diejenigen, die es aus Angst vor Überfluss in die Flüsse und das Feuer leeren; denen, die Licht und Luft in die Verliese lassen und soziale Krankheiten mit Nahrung und Wärme bekämpfen, statt mit Drogen und Zuwendungen; die darauf warten, die wachsende Flut des Reichtums ins Leben zu entlassen, statt zuzusehen, wie sie ihre Dämme bricht und sich wieder an die Arbeit der Zerstörung und des Todes macht. Ist es nicht schrecklich, dass Menschen, die all diese Dinge tun können, als bloße Handlanger von sogenannten Humanisten und Idealisten angesehen werden und sich nicht darum kümmern sollen, ob sie angestellt sind, um zu schaffen oder zu zerstören? Selbst die Maultiere der Vereinigten Staaten, so lesen wir, weigerten sich, als die eigens zu diesem Zweck eingeführten Baumwollkapselkäfer die Baumwollernte nicht zerstörten, um eine "Überproduktion" zu verhindern, die wachsenden Pflanzen in die Erde zurückzutreten. Während die Menschen, die über ausreichende Mittel verfügen, um eine Zivilisation von einer Pracht und Liberalität aufzubauen, wie sie die Welt noch nie gesehen hat, sind sie nun mit ihrem Verstand am Ende und erfinden neue Formen der Zerstörung und Verschwendung, damit diese neue Zivilisation die alte nicht verdrängt.

Der physikalische Ursprung des „Fortschritts"

Manche mögen in der Ergosophie nichts anderes als einen auf die Spitze getriebenen ökonomischen Determinismus sehen. Gewiss, die Kalorien sind in dem Sinne königlich, dass nichts geschehen kann, ohne dass sie in ausreichendem Maße verbraucht werden, eine Bedingung, auf die die Humanisten gewöhnlich nicht näher eingehen wollen. Aber diese Art von Determinismus führt die neue Lehre auf Gesetze zurück, die gar nicht aus dem Leben entstehen, obwohl alles Leben ihnen gehorcht. Dass dies nicht nur banal und selbstverständlich ist - oder zumindest war -, zeigt sich an den Ansichten von Marx, dem die Lehre vom ökonomischen Determinismus so sehr zugeschrieben wird, über den Ursprung des Reichtums. Hätte er in seiner Definition des Reichtums das Wort "menschlich" weggelassen und gesagt, dass der Reichtum aus der Arbeit entstanden sei, in dem Sinne, wie der Physiker das Wort für Arbeit oder Energie verwendet, hätte er die modernen Ansichten vorweggenommen. Stattdessen bezeichnete er den ursprünglichen Begründer dieser vielleicht größten aller wissenschaftlichen Verallgemeinerungen als "einen amerikanischen Humbug, den baronisierten Yankee, Benjamin Thompson, *alias* Graf Rumford".

Doch auch wenn dies heute kaum mehr als eine Binsenweisheit ist, steckt in diesen Lehren etwas viel Positiveres als der bloße Ausschluss oder die Unterordnung menschlicher und religiöser Faktoren aus der letztendlichen Entscheidung über das Schicksal von Gemeinschaften. Was das Individuum betrifft, so scheint es vollkommen frei zu sein, die durch Erfindungen und Entdeckungen gebotenen Möglichkeiten zu nutzen oder nicht, um die Arbeit zu erleichtern und den Lohn für den Lebensunterhalt zu vermehren. Aber dieser freie Wille erstreckt sich keineswegs auf seine Fähigkeit, andere dauerhaft daran zu hindern, dies zu tun. Reeves Theorie der Kriege und Revolutionen besagt, dass sie aus genau diesem Versuch entstehen, der letztlich immer erfolglos und katastrophal ist. Wie auch immer man die neue Sichtweise bezeichnen mag, sie impliziert eindeutig, dass der menschliche Fortschritt von unten vorherbestimmt ist, auch wenn er nicht von oben initiiert wird. Im besten Fall können die Menschen zu höheren Lebensformen geführt werden, im schlimmsten Fall werden sie von hinten angetrieben. Aber sie überlässt die tatsächliche Form und Art des menschlichen Fortschritts den anderen Gliedern der Dreifaltigkeit, dem biologischen und psychischen Inhalt des jeweiligen Zeitalters, das zu dieser Zeit existieren mag.

Die Doktrin des Kampfes

So unangenehm und erschütternd dies für viele liebgewonnene Illusionen auch sein mag, so ist es doch der Schlüssel, der am besten zu unserer Zeit passt, und niemand weiß das besser als diejenigen, die versucht haben, das neue Evangelium zu verbreiten. Wie ein australischer Schriftsteller kürzlich treffend formulierte, gibt es viele, die sich (für andere, nicht für sich selbst) an Armut, Unsicherheit, harte Arbeit, kargen Lebensunterhalt, Kriege, Hunger und Krankheiten als verdeckte Segnungen klammern, die notwendig sind, um dieses faule und widerspenstige Tier, den Menschen, anzustacheln und zu bändigen und ihn vor Verweichlichung und Dekadenz zu schützen. Dies ist die Lehre vom Dasein für den Kampf und nicht vom Kampf für das Dasein, und es ist wahrscheinlich die älteste Lehre der Welt. Sie stinkt nach Osten, nicht nach Westen. Wenn man sie als "biologische Notwendigkeit" betrachtet, ist der physische Imperativ noch kategorischer. Denn im Kampf kann der Mensch nicht mehr existieren - er kann sich nur selbst zerstören und zerstört werden. Angesichts der Tatsache, dass das Leben seit seinen frühesten Anfängen nichts anderes getan hat, als den physischen Imperativen auszuweichen, ist es sicherlich eine ziemlich krude Biologie, anzunehmen, dass der Mensch in dieser Epoche seiner Evolution plötzlich seine Instinkte umkehren und sich notgedrungen gegen sie das Hirn ausschalten sollte. In Wahrheit haben diese Ideen, wie der australische Schriftsteller sorgfältig hervorhob, nur eine stellvertretende Anwendung, und die biologische Notwendigkeit des Todes für das Individuum ist immer noch die größte Versicherung für das Überleben der Art. Das Problem ist vielmehr ein erzieherisches - die Ethnie muss lernen, sich wirksam gegen diejenigen zu schützen, die, hauptsächlich aus der Geschichte der vergangenen Pfeil- und Bogenzeitalter gelernt, die titanischen Waffen der Wissenschaft zur Vernichtung der Ethnie einsetzen würden.

Es ist wahr, dass die Menschen in jenen Zeitaltern durch den Hunger zu erfolgreichem Raub und Diebstahl an ihren Nachbarn getrieben wurden, aber in dieser Machtstellung ist der Fortschritt auf die Eroberung der Natur und die Umgehung der Menschen zurückzuführen. Was auch immer die letztendliche genetische Auswirkung des Großen Krieges sein mag, es wird allgemein zugegeben, dass die französische Revolution und die napoleonischen Kriege den durchschnittlichen Körperbau der französischen Nation spürbar reduziert haben, und dass Kriege nun, da überlegener Mut und Tapferkeit viel wahrscheinlicher zur schnellen persönlichen Vernichtung als zum endgültigen Überleben führen, definitiv und notwendigerweise dysgenisch sind. Während auf der positiven Seite, wo Mut und Ausdauer für das Überleben unerlässlich sind, bei der Erforschung von Land, Meer und Himmel und bei der Erprobung und Zähmung von noch unvollkommen verstandenen neuen Verfahren und Geräten für den Gebrauch durch den Menschen, die Wissenschaft sowohl Gelegenheiten als auch unvermeidliche Notwendigkeiten geschaffen hat und schafft, um sich Gefahren zu stellen und sie zu überwinden, die den legendären Helden der alten Zeit die Wange blutig geschlagen hätten. Der Fehler liegt, wenn überhaupt, eher bei unseren Dichtern, weil sie solche Errungenschaften nicht angemessen verewigt haben, aber auf diesem Gebiet zweifelt niemand an der immensen Überlegenheit der Alten gegenüber uns, die wir in so vielen anderen Aspekten nur wenig von ihnen zu lernen haben.

Moderne Kriege und Staatsverschuldung

Sind Kriege heute tatsächlich nur noch eine Frage des Lebensunterhalts? Werden sie nicht geführt, um Märkte zu sichern, auf denen der überschüssige Reichtum veräußert werden kann, der sich aus der wissenschaftlichen Produktion ergibt, die mit dem alten praktischen Lohngesetz zusammenarbeitet? (Mit "praktischem Lohngesetz" ist das System gemeint, das dem Arbeiter gerade so viel sichert, dass er in einem geistigen und körperlichen Zustand bleibt, der ihm eine effiziente Ausübung seines Gewerbes, Handwerks oder Nebenberufs ermöglicht. Dies ist natürlich ein *direktes* Erbe des Zeitalters der Knappheit). Um es ganz unverblümt zu sagen: Der Zweck von Kriegen besteht darin, schwächere Nationen dazu zu zwingen, den Stärkeren diesen Überschuss abzunehmen und sich notfalls zu verschulden, um dafür zu bezahlen. Dann ist die Androhung eines weiteren Krieges notwendig, um sicherzustellen, dass die

Schulden und die Zinsen dafür nicht zurückgewiesen
werden.

Die wahren Kämpfe

Der Kampf ums Dasein erweist sich nun als ein Kampf um
physische Energie, und die Eroberung der Natur hat Vorräte
verfügbar gemacht, die weit über das hinausgehen, was aus
den unwilligen Körpern von Zugvieh und Sklaven
herausgeholt werden kann. Nicht der Kampf, sondern die
Energie ist das Wesentliche im menschlichen Leben. Die
Lehre vom Dasein für den Kampf hingegen ist die älteste
Religion der Welt.

It has never been anything but a religion of the ambitious,
dominating, and unscrupulous, with either a race or a caste
arrogation of superiority over the races without or the herd
within, an assumption of licence to act treacherously and
injuriously towards aliens and those it deems of inferior
breed and to confine its standards of honour and decency to
those of its own blood or order. Dies ist ein Kodex, dem das
Christentum seit zweitausend Jahren aktiv und passiv
widerstanden hat. Diese Tatsache ist nicht unbedeutend.
Denn zwischen dem Fortschritt, den in der Ergosophie
kulminiert hat, und der christlichen Religion besteht eine
enge Verbindung. In der Tat ist die Ergosophie in ihrem
Ursprung ein Produkt der christlichen Nationen des
Westens.

Das Tabu der wissenschaftlichen Ökonomie

Nach dem Krieg ertönte der Ruf nach Wissenschaftlern, die
mit den Finanz-, Industrie- und politischen Behörden

zusammenarbeiten sollten, um die sozialen Missstände zu beheben, die den Krieg ausgelöst hatten und die den Frieden seither nur zu einer falschen Bezeichnung gemacht haben. Aber die seltsamen und unkonventionellen Schlussfolgerungen der wenigen, die die sozialen Probleme mit demselben forschenden und originellen Denken bearbeiteten, das sie bei ihren eigenen Untersuchungen anzuwenden gewohnt waren, erschreckten nicht die Öffentlichkeit, sondern diejenigen, deren Interesse an solchen Problemen darin besteht, sie mit den Dingen, wie sie sind, in Einklang zu bringen. Diejenigen, die darauf bestanden, Licht in die sozialen Missstände und Anomalien zu bringen, wurden als pietätlos angesehen, und die Schlussfolgerungen wurden tabuisiert. Es ist jedoch eine große Torheit anzunehmen, dass in der heutigen Zeit jede pauschale Verallgemeinerung, die die bestehenden großen Fragen klärt, unterdrückt werden kann. Jetzt, da es Anzeichen dafür gibt, dass die "Age of Plenty"-Schule der Währungsreformer siegt und dass die Verschwörung des Schweigens seitens der "respektablen" Presse gescheitert ist, können wir die Kosten abschätzen. Fünfzehn Jahre goldener Gelegenheiten wurden vergeudet, und die Zeit wurde stattdessen für die Verschlimmerung der Krankheit genutzt. Politiken, von denen heute jeder weiß, dass sie das genaue Gegenteil von dem sind, was die Tatsachen erfordern, wie Sparen oder mehr produzieren und weniger verbrauchen, haben zu ihren unvermeidlichen Ergebnissen geführt. Von der Öffentlichkeit wird erwartet, dass sie glaubt, das Unglück, das uns heimsucht, sei eine Fügung Gottes, und dass wir zwar über die Wissenschaft und die notwendige Ausrüstung und Organisation verfügen, um Reichtum in Hülle und Fülle zu produzieren, dass es aber jenseits des menschlichen Verstandes liegt, zu lernen, wie man ihn verteilt . Das Problem ist in der Tat neu, und die Annäherung daran wird - oft absichtlich - durch eine Fülle von Halbwahrheiten und ehemaligen Wahrheiten vernebelt. Aber die Lösung des Problems wurde durch die albernen Bemühungen der Nachkriegszeit, die freie öffentliche Diskussion über die neuen Lehren zu unterdrücken, weder näher noch klarer, ein Thema, das in den physikalischen Wissenschaften zur Zeit Galileis ausgefochten und gewonnen wurde.

Kriege und Revolutionen sind das Ergebnis von Reichtum

Der Leser wird zweifellos in der Lage sein, für sich selbst viele eindrucksvolle Bestätigungen der Theorie zu finden, dass Kriege und Revolutionen nicht aus Armut und Elend resultieren, sondern aus dem Wachstum des Reichtums und dem vergeblichen Versuch, sich seiner Verteilung zu widersetzen. Zwei markante Beispiele, die dem Autor einfallen, sollen hier genannt werden. Der erste betrifft die unmittelbaren und zufälligen Ursachen, die die erste Kerenski-Revolution in Russland auslösten. Intelligente und unvoreingenommene Russen sagten uns damals, dass es weder Hunger und Armut noch die Schrecken der Kriegsniederlage waren, sondern zwei Ausstellungen offizieller Inkompetenz, die so grob waren, dass sie die tiefsten Gefühle Russlands empörten. Das eine war die massenhafte Einberufung der Bauern, lange bevor es Waffen oder Kasernen für einen kleinen Teil von ihnen gab, wobei ein großer Teil an den dadurch verursachten Seuchenbedingungen starb. Selbst unter rein militärischen Gesichtspunkten wäre es weit besser gewesen, sie auf ihren Feldern arbeiten zu lassen. Der andere Fall war der Verlust praktisch der gesamten Ernte einer Saison in einem der Hauptgetreidegebiete Südrusslands während des Transfers von den Lastkähnen zum Eisenbahnknotenpunkt, da die

Ernte an einer Stelle abgeladen wurde, die allgemein als anfällig für plötzliche Herbstüberschwemmungen bekannt war.

Die zweite Illustration ist mehr als zufällig: Olive Schreiner erzählt in der Einleitung ihres Buches *Woman and Labour*, wie sie zu der Überzeugung gelangte, dass "die Frauen keiner Ethnie oder Klasse jemals revoltieren oder versuchen werden, eine revolutionäre Anpassung ihrer Beziehung zu ihrer Gesellschaft herbeizuführen, wie intensiv ihr Leiden auch sein mag und wie klar sie es auch wahrnehmen mögen, solange das Wohlergehen und der Fortbestand ihrer Gesellschaft ihre Unterwerfung erfordert", sie tun es, kurz gesagt, wenn die veränderten Bedingungen eine Duldung nicht mehr notwendig oder wünschenswert machen.

Nicht das Leiden, sondern das *unnötige* Leid und Elend ist die Triebfeder des menschlichen Fortschritts. Diesem geht der materielle Fortschritt in den Erfindungen und Künsten voraus, die dem Menschen Macht über seine Umwelt geben, und glücklich ist das Zeitalter, in dem auch der Fortschritt im moralischen und geistigen Bereich vorausgeht und mit der Vermehrung des Wohlstands Schritt hält. Denn dann erleben wir keine Revolution, sondern eine Renaissance. So kann in unseren Tagen nicht der Agitator, der den Klassenhass schürt, eine Revolution auslösen, noch können die Flieger, die Bomben abwerfen, eine Revolution aufhalten. Aber wenn man Milch in den Potomac leert; wenn man Schädlinge einführt, um die Baumwollernte zu zerstören; wenn man Weizen und Kaffee als Brennstoff verbrennt; wenn man die Kautschukproduktion einschränkt; wenn man Zollschranken errichtet; wenn man Trusts, Föderationen, Kartelle und Aussperrungen zulässt; wenn man den Gewerkschaften erlaubt, raffinierte

Methoden zur Verringerung der Produktion zu entwickeln; wenn man Massen von Arbeitslosen in Elend, Unsicherheit und Müßiggang hält, denen man nicht erlaubt, ihr Los zu verbessern, indem sie genau die Dinge herstellen, die sie brauchen, dann ist eine Revolution in irgendeiner Form nicht nur wahrscheinlich, sondern sicher. Die Ideen, die die Menschen leiten, sind entrüstet. Anstelle einiger weniger auffälliger Beispiele für Unfähigkeit oder Schlimmeres sehen sie nun ein allgemeines Chaos statt einer Ordnung. Ihre Institutionen, die weit davon entfernt sind, sie in ihren friedlichen Beschäftigungen zu schützen, auf die sie für ihren Lebensunterhalt angewiesen sind, scheinen sich zusammenzuschließen, um sie in traditioneller und unnötiger Knechtschaft und Abhängigkeit zu halten. Die Armee beginnt zu erkennen, dass sie vom Feind eingesetzt wird.

Das Geldsystem behindert den Geldfluss

Es gibt auch kein Mittel, um eine solche Revolution zu beenden oder zu besiegen, sei sie plötzlich oder langwierig, gewaltsam oder chronisch, solange nicht die Schranken, die sich der freien und vollständigen Verteilung des Reichtums vom Erzeuger bis zum Endverbraucher entgegenstellen, niedergerissen sind und der Fluss des Reichtums wieder den Zweck erfüllt, für den die Menschen ihn zu schaffen bemüht waren. Da es in allen monetären Zivilisationen das Geld ist, das allein den Austausch von Reichtum und den kontinuierlichen Fluß von Gütern und Dienstleistungen in der gesamten Nation bewirken kann, ist das Geld zum Lebenselixier der Gemeinschaft und für jeden Einzelnen zu einer regelrechten Lizenz zum Leben geworden. Das Geldsystem ist der Verteilungsmechanismus, und diese Lesart der Geschichte stützt daher voll und ganz die

Schlußfolgerungen derjenigen, die sich speziell mit dem befaßt haben, was unser Geldsystem geworden ist. Es ist die primäre und unendlich wichtige Quelle für alle unsere gegenwärtigen sozialen und internationalen Unruhen und für das bisherige Scheitern der Demokratie.

Eine sehr geringe Kenntnis unseres gegenwärtigen Geldsystems macht überdeutlich, dass, ohne dass die Demokratie es wusste oder zuließ und ohne dass die Angelegenheit jemals auch nur als zweitrangige oder nebensächliche politische Frage vor die Wählerschaft kam, die Macht der Geldausgabe den nationalen Händen entrissen und als Voraussetzung vom Geldverleiher usurpiert wurde. Praktisch alle echten Währungsreformer sind sich einig, dass die einzige Hoffnung auf Sicherheit und Frieden darin liegt, dass die Nation sofort ihr Vorrecht über die Ausgabe aller Formen von Geld wiedererlangt, das sie rechtlich gesehen nie aufgegeben hat.

KAPITEL II

DIE THEORIE DES GELDES - VIRTUELLER REICHTUM

WAS ist Geld?

Beginnen wir unsere "Studie" mit einer umfassenden Definition dessen, was modernes Geld ist.

Geld ist heute das NICHTS, *das man für* ETWAS *bekommt, bevor man* ETWAS *bekommen kann.*

Unsere Aufgabe ist es, all das zu verstehen, was dies impliziert. Die Definition ist natürlich eine wirtschaftliche Definition, die sich auf gewöhnliche Transaktionen wie Verdienen, Kaufen und Verkaufen unter gewöhnlichen Menschen bezieht - großzügige Onkel und andere freiwillige Wohltäter werden nicht in Betracht gezogen -, und das *Nichts, Etwas* und *Irgendetwas* der Definition bezieht sich auf Dinge von realem Wert an sich, die gewöhnlich als Güter und Dienstleistungen oder einfach als Reichtum bezeichnet werden, sofern es sich nicht um Haarspaltereien oder rein technische Unterscheidungen handelt, die sich auf die genaue Definition von Reichtum beziehen. Darüber hinaus bezieht sich der Begriff auf gewöhnliche Menschen im Sinne von Personen, die weder die Möglichkeit noch die Macht haben, selbst über Geld zu verfügen.

Diese Definition gibt nicht nur eine umfassende Antwort auf das, was Geld heute ist, sondern auch auf all das, was Geld schon immer war, unabhängig davon, ob es sich bei um Münzen, Papier oder eine andere Form handelt. Aus der Sicht des Eigentümers oder Besitzers ist Geld der Kredit, den er zu seinen Gunsten bei der Gemeinschaft, in der es gilt oder "gesetzliches Zahlungsmittel" ist, geschaffen hat, indem er in der Vergangenheit wertvolle Güter und Dienstleistungen umsonst aufgegeben hat, um nach eigenem Gutdünken in der Zukunft einen entsprechenden Gegenwert umsonst zu erhalten. Es ist lediglich ein ausgeklügeltes Mittel, um sich eine Vorauszahlung zu sichern, und in einer monetären Zivilisation sind die Eigentümer des Geldes diejenigen, die für bestimmte Marktwerte von käuflichen Gütern und Dienstleistungen im Voraus bezahlt haben, ohne sie bisher erhalten zu haben.

Daran ist nichts Geheimnisvolles. Was als "moralisches Mysterium des Kredits", also des Kreditgeldes, bezeichnet wurde, könnte genauso gut als unmoralisches Mysterium der Schulden bezeichnet werden. Denn es gibt keinen Kredit ohne Schulden, genauso wenig wie es Höhe ohne Tiefe gibt. Osten ohne Westen, oder Hitze ohne Kälte. Beide sind miteinander verbunden, und obwohl es nur einen braucht, um Reichtum zu besitzen, braucht es zwei, um eine Schuld zu besitzen, denn für jeden Besitzer gibt es einen Schuldner. Geld ist natürlich eine ganz besondere Form des Kredit-Schuld-Verhältnisses, und sei es nur deshalb, weil alle anderen Formen völlig fakultativ sind, der Gläubiger jedenfalls frei ist, in dieses Verhältnis einzutreten oder nicht, während Geld ein Kredit-Schuld-Verhältnis ist, dem sich niemand wirksam entziehen kann.

Lassen Sie uns gleich zu Beginn die Zeichen richtig setzen. *Der Eigentümer des Geldes ist der Gläubiger* und der

Emittent des Geldes ist der Schuldner, denn der Eigentümer des Geldes gibt Güter und Dienstleistungen an den Emittenten ab. In einem ehrlichen Geldsystem würde der Geldemittent, der umsonst Waren und Dienstleistungen erhält, dies im Vertrauen auf das Wohl der Gemeinschaft tun. In einem betrügerischen Geldsystem tut er dies zu seinem eigenen Vorteil. Es macht keinen Unterschied, ob er das Geld weitergibt und selbst in Umlauf bringt oder ob er es gegen Zinsen verleiht, damit andere es für ihn weitergeben. In jedem Fall wird das, was er so zum Ausgeben oder Verleihen bekommt, von jemand anderem aufgegeben. *Ex nihilo nihil fit.* Von nichts kommt nichts, oder, um es modern auszudrücken, Materie und Energie bleiben erhalten.

Tauschhandel und Tauschwährungen

Die Erfindung des Geldes markiert einen deutlichen Fortschritt in der Zivilisation. Beim Tauschhandel gibt der Besitzer einer Art von Eigentum diese an einen anderen im Austausch gegen eine andere Art von gleichem Wert ab. Das Geld konnte den Tauschhandel nicht deshalb ersetzen, weil es den Menschen ermöglichte, das Eigentum anderer zu erwerben, ohne etwas aufzugeben, sondern weil sie es in einer früheren und unabhängigen Transaktion bereits aufgegeben hatten. Alle Abstufungen, die das Geld im Laufe seiner Entwicklung durchlaufen hat, vom Tauschhandel bis zum reinen Kredit (oder der Schuld), betreffen nicht das, was man ursprünglich dafür aufgegeben hat, was das Wesentliche aller seiner Formen ist. Sie betreffen lediglich das, was im Austausch dafür erhalten wird. Dies kann vom vollen Wert in Form einer Goldmünze bis hin zu einer an sich wertlosen Papierquittung reichen, und heutzutage nicht einmal mehr das. Aus verschiedenen angeblichen Gründen, wie der Notwendigkeit, das Geld frei zirkulieren zu lassen, die wir jetzt nicht sehr ernst nehmen müssen, wurde es zumindest in bestimmten Phasen der Geldentwicklung als notwendig erachtet, demjenigen, der etwas gibt, den vollen Gegenwert in Gold oder einem anderen Edelmetall zurückzugeben. Wenn dieses Äquivalent in Form eines bestimmten Gewichts Goldstaubs oder irgendeiner anderen gleichwertigen Tauschware vorläge, hätten wir es mit einem reinen Tauschgeschäft zu tun, abgesehen von der Tatsache, dass der Empfänger des Metalls in der Regel selbst keine Verwendung dafür hatte und es lediglich als anerkanntes vorübergehendes Zahlungsmittel oder Zwischenlösung akzeptierte. Als jedoch die Praxis des Münzprägens aufkam und Münzen mit einem bestimmten Gewicht und Feingehalt ausgegeben wurden, die mit einem Motiv, wie dem Kopf des Königs, versehen waren, das auf die Autorität hinwies, unter der sie als Geld legalisiert wurden, wurde nicht nur ein großer Schritt nach vorn gemacht, wie z. B. die Bequemlichkeit des Rechnens, ohne dass die Verwendung einer Waage erforderlich war, sondern das Material, aus dem die Münze hergestellt war, wurde dadurch für den Besitzer ganz sicher nutzlos, solange die Münze nicht eingeschmolzen wurde. Mit dieser Einschränkung, d.h. solange die Münze unversehrt bleibt, bedeutete diese Art von Geld ebenso wie modernes Kredit- oder Schuldgeld, dass man etwas wirklich umsonst hergab, es sei denn, man betrachtet die Freude des Geizhalses über seinen Schatz als wirtschaftlichen Wert. Auch war es durchaus üblich , die Verunstaltung des Bildnisses des Herrschers oder andere Eingriffe in die Unversehrtheit einer Münze ebenso als Verrat zu werten wie die Herstellung einer gefälschten Nachahmung. Damit sollte zwar das Abschneiden, Schwitzen und dergleichen verhindert werden, doch wurde damit das, was hier als das gemeinsame wesentliche

Kriterium allen Geldes angesehen wird, nämlich der freiwillige Verzicht des Besitzers auf etwas von Nutzen oder Wert *ohne* eine gleichwertige Gegenleistung, gesetzlich verankert.

Papiergeld

Eine Papiernote ist immer noch genau das, was sie bei ihrer Entstehung war: eine gedruckte Quittung für etwas, das umsonst abgegeben wurde. Im Falle der ursprünglichen britischen Banknoten war sie gleichzeitig die Quittung der ausgebenden Bank für den Gegenwert von Gold, das der Besitzer freiwillig als Leihgabe oder zur Aufbewahrung überlassen hatte, und ihr Versprechen, es auf Verlangen zurückzuzahlen. Daher stammt die Legende *"Promise to Pay"* auf unseren heutigen Banknoten. In ihrer Verwendung als Geld sind die Goldmünze und der Papierschein gleichwertig, mit dem einzigen Unterschied, dass der letztere keine andere Funktion hat, während der erstere durch als Geld vernichtet werden kann, um wieder effektiv als Ware verwendet zu werden. Wir nähern uns hier zwei verschiedenen Überlegungen, die oft verwechselt werden, nämlich der Frage, was dem Geld einen bestimmten Tauschwert verleiht, und der Frage, wie dieser Tauschwert nicht verändert werden kann und wie der Eigentümer vor Verlusten geschützt werden kann, wenn der Wert des Geldes sinkt.

Eine Gold- oder Silberwährung mit vollem Wert ist vor einer Wertminderung geschützt, weil sie eingeschmolzen werden kann, ob legal oder nicht, und die Goldbarren gegen einen Wert getauscht werden können, der dem entspricht, der für das Geld aufgegeben wurde. Ungedecktes" Papiergeld hingegen ist im Grunde nur eine Quittung oder ein Schuldschein, und wenn es im Tauschwert herabgesetzt wird, hat der Besitzer keine Möglichkeit, Rechtsmittel einzulegen. Die professionellen Geldinteressen haben es sich zur Gewohnheit gemacht, das Papiergeld hartnäckig zu verunglimpfen, die Erinnerung an jeden Mißbrauch der Druckerpresse wachzuhalten (die dem Besitzer immerhin eine greifbare Quittung für das gibt, was er aufgegeben hat) und die Tugenden des Goldes zu predigen, während sie selbst eine Alchemie praktizieren, die nicht einmal die Druckerpresse erfordert. Aber für einen unvoreingenommenen Richter konnte nichts so schlecht sein wie das System, das entstand und gedieh, nachdem es physisch unmöglich wurde, die Goldmenge schnell genug zu erhöhen, um mit der Expansion der Industrie Schritt zu halten, so dass ein Ersatz für das Gold als Geld gefunden werden musste.

„Bank-Kredit"

Der ruinöse kontinuierliche Preisverfall, der heute so bekannt ist, ergibt sich ganz normal aus den Kontrollen, die der natürlichen Währungsexpansion auferlegt wurden, um mit der Zunahme des Wohlstands in einer Ära des wachsenden Wohlstands Schritt zu halten. Der Anschein von Gold wurde aufrechterhalten, aber das System war in Wirklichkeit ein vergoldeter Betrug. Aus einer miserablen "Unterlegung" mit Gold (zunächst mit Hilfe von Papier, aber letztlich ohne Ausgabe von Quittungen an den Besitzer für das, was er aufgegeben hatte) entstand ein riesiger Überbau aus physisch nicht existierendem Geld, das durch "Bankkredite" geschaffen wurde. Wir können die nähere Betrachtung der Technik auf später verschieben. Wären gedruckte Quittungen für die Eigentümer ausgestellt worden, hätte diese Ausgabe die schlimmsten historischen

Beispiele aus der Vorkriegszeit für den Missbrauch der Druckerpresse in Zeiten politischer Unruhen und Schwierigkeiten in den Schatten gestellt. Nicht die Ausgabe von richtigen Quittungen ist anzugreifen, sondern die Tatsache, dass durch die Ausgabe von Geld umsonst mehr eingenommen wird, als die Bevölkerung dafür hergeben kann. Wenn es schon unmoralisch ist, Quittungen zu drucken, anstatt Gold für das zu geben, was der Besitzer des Geldes für das Geld aufgibt, wie viel unmoralischer ist es dann, nicht einmal Quittungen zu geben! Wie heuchlerisch ist es, den Fälscher eines gefälschten Geldscheins, der eine falsche Quittung ausstellt, nicht wegen Diebstahls, sondern wegen Hochverrats zu belangen, und die Beträge, die die Banken durch die Ausstellung greifbarer Quittungen vom Publikum umsonst erhalten dürfen, durch ein Parlamentsgesetz streng zu begrenzen, während sie für ihren eigenen Profit unvergleichlich höhere Beträge abziehen dürfen, solange sie die Quittung überhaupt nicht anerkennen!

Die private Ausgabe von Geld

Indem das Parlament die Gründung privater Münzanstalten zugelassen hat, hat es die Demokratie grundlegend und vielleicht unwiederbringlich verraten. Bevor der Krieg ein durchdringendes Licht auf das Wesen von Geldsystemen im Allgemeinen warf, war es üblich, selbst in den Werken scheinbar seriöser Ökonomen absolut unehrliche haarspalterische Unterscheidungen zwischen dem so geschaffenen unsichtbaren Geld und Papiernoten zu finden. Letztere waren wirklich Geld und erstere nicht! In der Tat kann der Leser in solchen Standardwerken zu diesem Thema immer erkennen, wann er sich dem fragwürdigen Teil der Angelegenheit nähert. Das Wesentliche, die

Schöpfung neuen Geldes, wird in einer Wolke von vorauseilenden Rechtfertigungen und ausgefeilten Sonderargumenten verschleiert. Das ist heute gar nicht mehr möglich, und man kann dankbar sein, dass es heutzutage einige Fachautoren zu diesem übelriechenden Thema gibt, die sich damit begnügen, die Fakten unmissverständlich darzulegen und den Leser seine eigenen Schlussfolgerungen ziehen zu lassen.

Das alte Kreditsystem "auf Goldbasis" verhinderte zwar, dass die Währung im Verhältnis zum Tauschwert des Goldes nach und nach und dauerhaft entwertet wurde, indem es das Gold zwangsweise wieder zurückholte, nachdem es entwertet worden war - indem es den Raub von Peter, um Paul zu bezahlen, mit dem anschließenden Ruin von Paul, um die Bank zu bezahlen, kompensierte. So einfach und in vielerlei Hinsicht gut echte Gold- und Silberwährungen auch sein mögen, sie erfordern einen enormen Aufwand an vergeblicher menschlicher Anstrengung bei der Suche nach den Edelmetallen, die dann sofort für jede legitime ästhetische oder industrielle Anwendung unbrauchbar gemacht werden. Aber es ist ein bloßer Vorwand, den modernen Systemen, die vorgeben, auf ihnen zu beruhen, so solide Vorteile zuzuschreiben, wie sie auch sein mögen, die aber in Wirklichkeit brutal dazu benutzt werden, den Wert des Geldes wiederherzustellen, nachdem er verwässert worden ist, zum Schaden der Unschuldigen und zum Vorteil der Schuldigen.

Seit mehr als einem Jahrhundert gibt es auf der Welt einfach nicht annähernd genug Gold und Silber für die Anforderungen einer reinen Tauschwährung. Was die gegenwärtigen Verhältnisse in diesem Land und anderswo betrifft, so sind wir seit dem endgültigen Zusammenbruch des "Goldstandards" zu einem fast reinen Kredit-

Schuldgeld verpflichtet, aber anstelle eines bestimmten Standards sind wir in ein Stadium der "Währungspolitik" eingetreten, in dem das Preisniveau von Zeit zu Zeit von unverantwortlichen Richtern absichtlich geändert wird, je nachdem, was sie für "Politik" halten, und ohne die geringste Rücksicht auf die elementaren Grundsätze der Gerechtigkeit und des fairen Umgangs mit denjenigen, die Geld besitzen, und das heißt mit allen, die einen entsprechenden Wert dafür aufgegeben haben.

Geldpolitik

Die Geldpolitik sollte besser als "Maß- und Gewichtspolitik" bezeichnet werden, denn sie ist einfach ein universelles Mittel, um mit den Maßstäben von Gewicht und Maß zu jonglieren. Außerhalb der Metrik interessiert sich niemand wirklich für den absoluten Wert der Maßeinheiten. Der wirtschaftliche Nutzen ist rein relativ zum Geld - wie viele Pfund Kohle für ein Pfund, wie viele Pence für ein Pint Bier. Mit dem £ weniger oder mehr Pfund oder Pints zu kaufen, ist in allen wirtschaftlichen Angelegenheiten dasselbe, als würde man das Pfund und das Pint weniger oder mehr wiegen und messen als zuvor. Es ersetzt die falschen Waagen und Messgefäße durch einen universellen und unausweichlichen Betrugsmechanismus.

Wir leben in einem Zeitalter, das durch die exakten Wissenschaften groß geworden ist, und es ist müßig zu versuchen, unser Geld immer noch an die alten, halbgöttlichen Verlockungen von Gold und Silber zu binden. Man könnte Bücher für und gegen das System schreiben, den Tauschwert von Waren an die eine Ware Gold zu binden, ohne auch nur den Versuch zu unternehmen, die eigentliche Frage zu beantworten, was es ist, das dem Geld seinen Tauschwert gibt. Es ist wahr, dass einfache Tauschwährungen den Wert des Geldes im Verhältnis zu Gold oder Silber konstant halten können. Aber das allein hat keine Bedeutung, wenn nicht eine Antwort auf die Frage gefunden werden kann, was den Wert dieser relativ seltenen Metalle, die fast ausschließlich für Luxuszwecke verwendet werden, in Bezug auf die Dinge festlegt, die allgemein notwendig sind, damit das Leben überhaupt weitergeht. Dass es eine Frage zu beantworten gibt, liegt auf der Hand, wenn wir uns mit reinen Papier- und Kreditgeldformen beschäftigen, und es ist fast ebenso offensichtlich, dass die Antwort nur in dem zu finden ist, was hier als das wesentliche Merkmal des Geldes überhaupt genommen wird, weil es das einzige Merkmal ist, das diese Geldform aufweist. Man muss für ein 1-Pfund-Papier genauso viel hergeben wie für einen goldenen Sovereign. In diesem Punkt unterscheiden sich die beiden Geldarten nicht, und so ist dieser Aspekt das gemeinsame Kriterium aller Geldformen.

Was dem Geld einen Wert gibt

Sein Tauschwert hängt in der Tat einfach von der Menge des Reichtums ab, auf den die Menschen freiwillig lieber verzichten, als ihn zu besitzen. Der Wert des Geldes hängt natürlich davon ab, wie sehr die Menschen Geld wollen, aber die vorherrschende lockere und verwirrende Bedeutung, die einem Satz wie "die Menschen wollen Geld" anhaftet, macht es notwendig, "*anstelle* von Reichtum" hinzuzufügen. Auch "Geldnachfrage", "Geldüberfluss oder -knappheit", "Geldpreis" usw. sind technische Ausdrücke des Kreditmarktes. Bei echten Kreditgeschäften jeglicher Art gibt der Kreditgeber den

Kredit, der Geld ist, an einen anderen ab, der es an seiner Stelle ausgibt, und in der Volkswirtschaft ist nicht die Person, die es ausgibt, sondern die Tatsache, dass es ausgegeben wird, von Bedeutung. Da die Menschen kein Geld leihen und dafür Zinsen zahlen, nur um es zu horten, sind echte Kreditvergabe und Ausgabe in diesem Zusammenhang gleichbedeutend. Was den Wert des Geldes bestimmt, ist die Höhe des Reichtums, auf den die Menschen lieber verzichten, und das ist dasselbe wie die Höhe des Kredits, *den* sie als Geld *behalten*.

Die ganze gängige Phraseologie des Geldes betont nur das, was man dafür bekommt, wenn man es loswird, anstatt zu berücksichtigen, was man aufgibt, wenn man es erwirbt und behält. Vom ersten Standpunkt aus gesehen ist das Verlangen der Menschen nach Geld unersättlich; vom zweiten Standpunkt aus gesehen wäre es wahrer zu sagen, dass die Menschen so wenig davon behalten, wie es sicher ist, wenn man von Fehlern absieht. Sie wollen im Durchschnitt so viel, dass sie ihre Nebenbeschäftigungen und häuslichen Angelegenheiten ohne Unannehmlichkeiten und Peinlichkeiten erledigen können. Sie wollen genug, um das zu kaufen, was sie sich leisten können, wenn sie es brauchen. Wenn sie mehr als das haben, geben sie es aus oder investieren es. In beiden Fällen sie jemand anderem die Last aufbürden, auf die Dinge zu verzichten, die sie damit kaufen können. Es ist sehr wichtig, sofort zu erkennen, dass Investieren in diesem Zusammenhang genauso viel bedeutet wie Ausgeben und aus demselben Grund. Der Leser muss daran denken, dass in dieser Untersuchung die gewöhnliche Einstellung des Einzelnen zum Geld als vollkommen verstanden vorausgesetzt wird, und dass nicht dieser Aspekt, sondern der gemeinschaftliche Aspekt des Geldes untersucht wird.

Zwei monetäre Grundprinzipien

Hier sind zwei Überlegungen von Bedeutung. Die erste ist, dass Kaufen, Verkaufen, Investieren, echtes Verleihen und Borgen keinerlei Auswirkungen auf die Geldmenge haben - und das ist die Menge an Reichtum, auf die die Gemeinschaft verzichtet -, denn was der eine bekommt oder aufgibt, gibt der andere auf oder bekommt es. Irgendjemand muss also immer das ganze Geld besitzen und für den Schatten auf die Substanz verzichten. So frei der Einzelne auch zu sein scheint, um seine Wahl zu treffen, so frei ist er doch nur insofern, als die Bedürfnisse der anderen das Gegenteil oder die Ergänzung der eigenen sein können. Wenn in der Gemeinschaft mehr gekauft als verkauft wird, steigt das Preisniveau und der Wert der Geldeinheit sinkt. Überwiegen die Verkäufe gegenüber den Käufen, so ist das Gegenteil der Fall. Unter der Annahme, dass sich die Geldmenge nicht ändert, bedeutet der erste Fall, dass die Gemeinschaft sich dafür entscheidet, auf weniger Güter und Dienstleistungen zu verzichten, als wenn sich das Preisniveau nicht ändert , und der zweite Fall, dass sie sich dafür entscheidet, auf mehr zu verzichten.

Der zweite wichtige Punkt ist, dass, auch wenn Individuen sterben und ihre Angelegenheiten abgewickelt werden, Gemeinschaften auf unbestimmte Zeit fortbestehen. In einem Geldsystem haben wir es also nicht mit einem vorübergehenden freiwilligen Verzicht auf etwas zu tun, um den Vorlieben und der Bequemlichkeit des Einzelnen gerecht zu werden, sondern mit einem erzwungenen Verzicht der Gemeinschaft auf den Gebrauch und den Besitz von käuflichen Gütern und Dienstleistungen, deren Gesamtpreis oder -wert der Gesamtmenge des Geldes in der Gemeinschaft entspricht.

Virtueller Reichtum

Dieses Aggregat von austauschbaren Waren und Dienstleistungen, auf das die Gemeinschaft ständig und dauerhaft verzichtet (obwohl *einzelne* Geldbesitzer es sofort von anderen Individuen verlangen und erhalten können), bezeichnet der Autor als den virtuellen Reichtum der Gemeinschaft. Er legt den Wert des Geldaggregats fest, was immer dieser auch sein mag. Der Wert jeder Einheit des Geldes, wie z.b. der£ , in Waren, oder das, was als "Preisindex" oder "Preisniveau" bezeichnet wird, ist also der Virtuelle Reichtum geteilt durch die Gesamtheit des Geldes. Letzteres kann in einem Kreditgeldsystem alles Mögliche sein, aber ersteres ist definitiv und wird von der Notwendigkeit diktiert, dass die Menschen genügend sofort ausübbaren Kredit für Waren und Dienstleistungen behalten, damit sie das bekommen können, was sie wollen, wenn sie es wollen. Sie mögen eine große Vielfalt von anderen Formen des Kredits haben - Waren, Dienstleistungen, Schmuck, Investitionen, Immobilien und Eigentum - aber in einer monetären Zivilisation, im Unterschied zu einer, die Tauschhandel praktiziert, müssen diese alle zuerst an einen Käufer verkauft werden, d.h. gegen den Kredit, der Geld ist, getauscht werden, bevor die Menschen bekommen können, was sie wollen, wie sie es wollen. In diesem Zusammenhang wird der Verkauf von Dienstleistungen gegen Geld natürlich eher als Verdienst bezeichnet (Löhne, Gehälter, Gebühren, Provisionen usw.).

Der Kredit der Gemeinschaft

Was hier mit dem speziellen Namen *Virtueller Reichtum* bezeichnet wird, wird von Währungsreformern oft gemeint, wenn der viel weiter gefasste und allgemeinere Begriff Kredit der Öffentlichkeit oder der Nation verwendet wird. In Wirklichkeit ist der virtuelle Reichtum ein spezieller und eigentümlicher Teil des Kredits einer Nation. Der Kredit einer Nation kann sich in keiner Weise von dem der Individuen im gewöhnlichen Sinne ihrer Fähigkeit, sich zu verschulden, unterscheiden, und das tut er auch größtenteils. So ist das Verhältnis, das die gewöhnliche Staatsverschuldung regelt, dasselbe wie bei einer Verschuldung unter Einzelpersonen. Die Nation hat ihren Kredit in Höhe von sieben- oder achttausend Millionen Pfund in Anspruch genommen oder verbraucht, indem sie diese Summen von einzelnen Bürgern zu verschiedenen Bedingungen hinsichtlich der Zinszahlungen und der Rückzahlung, wenn überhaupt, in der Zukunft geliehen hat, und diese Individuen besitzen Schulden für die Geldsummen, die sie der Regierung ermächtigt haben, an ihrer Stelle auszugeben. Sie geben ihr Geld ab und die Regierung kauft sich selbst Waren und Dienstleistungen.

Der virtuelle Reichtum hingegen ist der Kredit, den der Einzelne bei der Nation aufnimmt, wodurch überhaupt erst die Zwischenform der Zahlung, das Geld, entsteht. Er entsteht durch die direkte Übergabe von Waren und Dienstleistungen an den Emittenten des Geldes, das als solches nicht vom Emittenten (es sei denn, es wurde von der Nation emittiert), sondern von der Gemeinschaft auf Verlangen zurückzuzahlen ist, wobei die Schuld für den Gläubiger zinslos ist, solange er den Kredit und das Recht auf sofortige Rückzahlung behält. Zinsen können natürlich nur für Schulden verlangt werden, die, wenn überhaupt, erst zu einem späteren Zeitpunkt zurückgezahlt werden können, nicht aber für solche, die der Eigentümer jederzeit zurückzahlen kann, sich aber dafür entscheidet, die Zahlung aufzuschieben.

Kreditgeld als Steuer

Vom Standpunkt der Gemeinschaft aus gesehen ist Kreditgeld aber einfach eine Form der Zwangsabgabe oder Steuer, der man sich nicht entziehen kann, da die Gesamtheit der Gläubiger keine Wahl hat, wie bei anderen Formen des Schuld-Kredit-Verhältnisses. Jeder, der Geld emittiert, sei es der Staat, eine Bank oder ein Fälscher, erhebt eine Zwangsabgabe auf die Güter und Dienstleistungen der Nation, die die bestehenden Gläubiger in ihrer Eigenschaft als Geldbesitzer durch die entsprechende Verringerung des Wertes jeder Einheit ihres Geldes aufgeben. Wenn die Besteuerung oder eine andere Form der Enteignung des Eigentums der Individuen durch den Staat alles erbracht hat, was letztere zur Herausgabe gezwungen werden können, ist das letzte Mittel des Steuereintreibers - und es ist völlig unausweichlich - die Ausgabe von neuem Geld, und das kann so lange fortgesetzt werden, bis das gesamte Geld auf relative Wertlosigkeit reduziert ist. Auf diese Weise haben die besiegten Nationen, Russland, Deutschland und Österreich, nach dem Krieg natürlich Einnahmen erzielt, als keine anderen Mittel möglich waren, und gleichzeitig alle vorher bestehenden Schulden, soweit sie in Geld rückzahlbar waren, abgelehnt.

Viele werden zweifellos, bis sie sich damit vertraut gemacht haben, den Nutzen oder die Notwendigkeit dieses Konzepts des virtuellen Reichtums in Frage stellen und meinen, dass es den Wert des Geldes nicht wirklich erklärt. Dem Einzelnen mag es als eine kuriose und raffinierte Umkehrung des allgemeinen Sprachgebrauchs erscheinen. Vielmehr ist es der erste Schritt zur Umkehrung der Umkehrung, die in den Denkgewohnheiten der Menschen dadurch hervorgerufen wird, dass Geld als der primäre, definitive und wichtige Faktor betrachtet wird und der damit zu erwerbende Reichtum als eine Folge oder inhärente Eigenschaft des Geldes. Der Reichtum, auf den alle Menschen unfreiwillig verzichten müssen, ist der primäre Faktor, der dem Geld die Macht verleiht, überhaupt etwas zu kaufen. Würden sich alle weigern, für Geld auf irgendetwas zu verzichten, und im Austausch dafür alle ihnen rechtlich zustehenden Reichtümer beanspruchen, gäbe es nur Käufer, aber keine Verkäufer und keine Reichtümer, die auch nur einen einzigen von ihnen befriedigen könnten. Soweit das Geld einen wertvollen Stoff enthält oder durch ihn "gedeckt" ist, der durch seine Zerstörung als Geld wiedergewonnen werden kann, gibt es so viel, um sie zu befriedigen, aber soweit es reines Kreditgeld ist, gibt es absolut nichts.

„Gesichertes" Geld

Wenn wir eine Zwischenform wie Papiergeld in Betracht ziehen, das durch die Hinterlegung von Wertpapieren "gedeckt" ist, dann steht hinter der einen Art von Schuld, dem Geld, eine andere Art von Schuld, zu deren Rückgabe der bisherige Eigentümer rechtlich gezwungen werden kann. Diese kann dann gegen den vom Eigentümer benötigten Reichtum eingetauscht werden, ähnlich wie bei Geld, aber weniger einfach als bei diesem. Aber in diesem Fall wäre es immer noch richtig zu sagen, dass der Reichtum, auf den der Eigentümer des Geldes verzichtet hat und für den er eine Schuld hat, nicht existiert. Denn die Sicherheiten, die "hinter" dieser Art von Geld stehen, sind bereits im Besitz der Eigentümer, und der Prozess ist lediglich die erzwungene Enteignung ihres Eigentums zur Eintreibung einer abgelehnten Schuld. In Ruskins Worten ist es "die Wurzel und Regel aller Ökonomie, dass das, was der eine hat, der andere nicht haben kann", und die schlimmsten Fehler des gewöhnlichen konventionellen Ökonomen werden sich aus dem Versuch ergeben, irgendwie doppelt über Eigentum mit zwei Eigentümern zu rechnen, wo, wie in diesem Fall, die Rechte des einen erst beginnen, wenn die des anderen enden.

Geld ein Anspruch auf etwas, das es nicht gibt

Das wesentliche Merkmal des Geldes ist, wie McLeod richtig erkannt hat, dass es einen Rechtsanspruch auf Reichtum darstellt, *der über den* vorhandenen Reichtum hinausgeht, der in einer individualistischen Gesellschaft unabhängig von diesem Anspruch *bereits* im Besitz anderer ist. Selbst im Falle einer Goldmünze, die die Prägung der Nation oder ihres Herrschers trägt, ist es durchaus üblich und der Wahrheit näher, das Gold als Eigentum der Nation oder des Herrschers zu betrachten und nicht als Eigentum des individuellen Besitzers der Münze. So kommen wir ohne wirkliche Ausnahme zu dem Schluss, dass die Eigentümer des Geldes über alles bestehende Eigentum hinaus, das bereits Eigentümer hat, Ansprüche auf das besitzen, was sie aufgegeben haben, aber was sie aufgegeben haben, existiert in Wirklichkeit nicht. Die beste physikalische Analogie dazu ist, den Reichtum eines Gemeinwesens nicht vom Nullpunkt "ohne Reichtum" aus zu berechnen, sondern von einer negativen Bezugslinie, die um den Betrag des virtuellen Reichtums darunter liegt, so wie es für spezielle Vermessungen zweckmäßig sein kann, den Wasserstand nicht wie üblich vom durchschnittlichen Meeresspiegel aus zu berechnen, sondern von einem Niveau darunter, wie zum Beispiel dem niedrigsten Gezeitenpegel. Es gibt kein wirkliches Mysterium um das Geld, so wie es auch um psychische Phänomene geht, sondern nur eine Art falschen mathematischen Mystizismus, der durch die Erfindung zur Berechnung imaginärer negativer Größen eingeführt wird, die völlig legitim sind, wenn man die Natur der Konvention versteht. Leider ist dies nicht der Fall.

Das Preisniveau

Für alle praktischen Zwecke wird der virtuelle Reichtum zu jedem Zeitpunkt (*in Geldwert!*) an der Gesamtheit des Geldes "gemessen". Wenn letztere tausend Millionen beträgt, verzichtet die Gemeinschaft freiwillig auf den Besitz von Eigentum im Wert von tausend Millionen, auf das sie ein Recht hat, es zu besitzen, es aber nicht tut. Heutzutage bleibt die Menge des Geldes nicht gleich. Sie schwankt wild von Minute zu Minute des Arbeitstages. Von einem Jahr zum anderen kann sie innerhalb des Jahres willkürlich um Hunderte von Millionen variiert werden, um irgendeiner "Politik" zu entsprechen, die den Wert der Einheit erhöhen oder verringern soll. Es ist jedoch nicht der virtuelle Reichtum, der sich ändert, das ist in der Tat eine sehr konservative Größe, da sie von den Bedürfnissen und Gewohnheiten der Menschen diktiert wird, die sie allein ändern können. Aber da der virtuelle Reichtum immer in eine größere oder kleinere Anzahl von Einheiten aufgeteilt ist, variiert das Preisniveau oder der Wert jeder Einheit proportional mit dem Geldaggregat, das als ein unabhängig arbeitender Faktor betrachtet wird. Andererseits gibt es in der heutigen Zeit der kontinuierlichen Expansion normalerweise über lange Zeiträume hinweg eine stetige, allmähliche Wertsteigerung des Virtuellen Reichtums, sowohl aufgrund des Bevölkerungswachstums als auch aufgrund des Anstiegs des Lebensstandards, und das sollte auch so sein. Wird dies in einem Kreditgeldsystem nicht durch die Ausgabe von entsprechend mehr Geld aufgefangen, kommt es zur Lähmung durch ein ständig sinkendes Preisniveau und zum Ruin der Produzenten im Interesse der Rentiers.

Aber, wie sich später zeigen wird, ist es für den Zweck absolut unerlässlich, dass es frei als Geschenk an die Nation ausgegeben wird, die unentgeltlich die Waren und Dienstleistungen abgibt, die es wert ist, und erst dann, *wenn* die Wohlstandssteigerung eingetreten ist, wenn Waren ohne Geld zum Kauf sie tatsächlich zum Verkauf anstehen. Wenn es, wie in der Vergangenheit, als Schuld gegenüber den Banken ausgegeben wird, damit die Produzenten Waren und Dienstleistungen kaufen, um in der neuen Produktion unterzugehen, wird der Geldemittent nicht nur zum ungekrönten König, sondern es kann auch nicht ausgegeben werden, ohne das Preisniveau zu erhöhen. Der allgemeine Beweis des gesunden Menschenverstandes für die letztgenannte Konsequenz ist, dass man durch bloße Buchhaltungstricks, die imaginäre negative Größen einbeziehen, nicht ein Jota die physischen Prozesse beeinflusst, durch die neuer Reichtum geschaffen wird, sondern nur diejenigen, durch die die Verteilung des vorhandenen Reichtums unter seinen verschiedenen Anspruchsberechtigten und Eigentümern erfolgt. Es ist erstaunlich, aber dennoch ganz im Einklang mit dem vergehenden Zeitalter, dass es bis vor kurzem üblich war, die Vermehrung des Reichtums, die auf die Zunahme des Wissens zurückzuführen war, dem "moralischen Geheimnis des Kredits" und den besonderen Tugenden des britischen Bankensystems zuzuschreiben. So verfielen die "Orthodoxen" in denselben Irrtum, den sie so gerne anderen, vor allem monetären Reformern zuschreiben, nämlich die Absurdität zu glauben, dass alle mit Hilfe der

Druckerpresse und durch "Basteleien an der Währung" reich werden könnten.

Geld vom Standpunkt des Emittenten aus gesehen

Bisher haben wir uns mit dem Geld als einem öffentlichen Instrument befasst, das den Tauschhandel ersetzt, und haben das Wesen der Erfindung darin gesehen, dass es denjenigen, die über Güter und Dienstleistungen verfügen, ermöglicht, diese umsonst abzugeben, mit der mehr oder weniger sicheren Gewissheit, dass sie dadurch im Gegenzug befähigt werden, Güter und Dienstleistungen zu den gleichen Bedingungen von anderen zu erhalten, wenn sie sie brauchen. Nun müssen wir das Geld aus dem Blickwinkel derjenigen betrachten, die es bisher erklärt haben, für die Geld das *Etwas* für *Nichts* ist, bevor jemand *etwas* bekommen kann, wie es für diejenigen ist, die es in erster Linie ausgeben. Für diese glücklichen Menschen schien das Kriterium dafür, was wirklich Geld ist und was nicht, von feinen Abstufungen der allgemeinen Akzeptanz abzuhängen. Gewöhnlich wurde eine imaginäre Grenze zwischen der Banknote und dem Scheck gezogen, und zwar mit der Begründung, dass beide zwar in Wirklichkeit Geldforderungen an die Bank darstellten (was hierzulande nicht einmal mehr auf die erste zutrifft), dass aber die Banknote durch die Gewohnheit allgemein akzeptabel geworden war, unabhängig davon, wer sie vorlegte, während der Scheck nur dann akzeptabel war, wenn er von der Person, auf die er ausgestellt war, oder einer anderen von ihr bevollmächtigten Person vorgelegt wurde.

Aus der Sicht der Bürger, die das Geld zu seinem legitimen Zweck verwenden und den größten Teil ihres Lebens damit verbringen, nicht ohne es zu sein, ist all dies reine Spitzfindigkeit, während die Analyse auf akademischer Seite völlig oberflächlich ist. Seit dem Krieg ist es erfrischend festzustellen, dass selbst die Orthodoxen zugeben, dass die Einlagen bei der Bank, auf die der Scheck eingelöst werden kann und die durch die Erfindung des Schecksystems entstanden sind, unbestreitbar Geld sind, auch wenn noch so viel dafür spricht, dass der Scheck kein wirkliches Geld ist. Zweifellos ist es zum Teil der Existenz von Währungsreformern und dem Spott zu verdanken, den sie über diese Schibboleths verbreiten, die das Handwerkszeug ihrer Gegner sind oder waren, aber noch mehr den fast unglaublichen Irrtümern und Verwirrungen, die seit dem Krieg im Namen der "gesunden Finanzen" begangen wurden, Die Öffentlichkeit ist sich heute der diametral entgegengesetzten Interessen derjenigen, die von der Geldschöpfung und -vernichtung leben, und derjenigen, die das Geld erwerben müssen, um überhaupt leben zu können, zu sehr bewusst, als dass sie sich noch länger von solchen Ausflüchten täuschen ließe.

Geld ist kein greifbares Zeichen mehr

Die Unterscheidung zwischen dem, was physisch und greifbar ist, wie Münzen und Banknoten, und dem, was nicht physisch ist, wie Bankeinlagen, ist eine höchst unheilvolle und gefährliche Unterscheidung, aber es ist keine Unterscheidung zwischen dem, was Geld ist und was nicht. Ein gesetzlicher Anspruch gegen eine Bank auf Herausgabe von Geld auf Nachfrage ist für den Besitzer des Geldes ebenso wirksam wie das Geld selbst und in der Regel auch bequemer. Es ist nicht von großer Bedeutung, dass die Bank in der Lage ist, durch das Schecksystem den Großteil der auf sie gezogenen Schecks mit den auf sie eingezahlten Schecks zu verrechnen, so dass sie bis auf die Differenz zwischen den beiden Beträgen ganz auf materielles Geld verzichten kann. Dies ersetzt lediglich ein automatisches Buchhaltungssystem mit physischen Zählern durch ein bürokratisches Buchhaltungssystem, das betrügerisch ist, weil nicht bei Null anfängt, sondern bei einem *ständig wechselnden* negativen Wert.

Geld ist ein Klagerecht gegen die Gemeinschaft auf Lieferung von *Waren und Dienstleistungen* oder, was dasselbe ist, auf Begleichung der Schuld, die durch den Bezug dieser Waren und Dienstleistungen vom Verkäufer entstanden ist, so dass ein Klagerecht gegen eine Bank auf Lieferung von Geld auf Verlangen ein Klagerecht *gegen die Gemeinschaft* auf Lieferung von Waren und Dienstleistungen auf Verlangen ist. Jeder normale Mensch weiß natürlich, dass Geld eine Forderung auf eine Ware ist, und es hat keine praktische Bedeutung, wenn er diese Forderung theoretisch erst von einer Bank einfordern muss, bevor er die Ware beanspruchen kann. Genauso gut könnte man argumentieren, dass ein in einer Garderobe abgestelltes Fahrrad kein Fahrrad sei, sondern ein Anspruch gegen die Eisenbahngesellschaft auf Lieferung eines Fahrrads. Die höchst unheilvolle und gefährliche Unterscheidung bezieht sich nicht auf den Aspekt, der üblicherweise betont wird, und auch nicht auf den, der bisher in diesem Kapitel hervorgehoben wurde, sondern auf die Herkunft des Geldes und, wenn es zerstört wird, auf seine Vernichtung.

Die Definition des modernen Geldes, mit der wir begonnen haben, macht deutlich, dass, bevor es entstehen kann, irgendjemand dem Emittenten zunächst etwas umsonst geben muss, und das Aggregat, auf das die Gemeinschaft so verzichtet, wird der virtuelle Reichtum der Gemeinschaft genannt. Bei einem Gold- oder Silbergeld von vollem Wert muss der Emittent ebenfalls auf den vollen Wert des Geldes verzichten, aber er macht es, während es als Geld verwendet wird, nur zu einem Zeichen, das ansonsten unbrauchbar ist, mit dem Ergebnis dass alle Anstrengungen, die bei der Gewinnung der als Geld verwendeten Edelmetalle unternommen wurden, effektiv verschwendet werden. Aber bei der Ausgabe jeder anderen Form von Geld muss der Emittent das Etwas kostenlos bekommen.

Umstellung von Tauschhandel auf Kredit-Geld

Man kann sich das leicht vorstellen, wenn man annimmt, dass eine Gemeinschaft, die Tauschhandel betreibt oder eine reine Tauschgoldwährung verwendet, plötzlich zu einem Kreditsystem übergeht. Es wäre vergleichbar mit dem Beginn eines Geldspiels mit einem gemeinsamen Pool, bei dem jeder der Spieler, bevor er spielberechtigt war, so viel Geld in den Pool einzahlen musste, mit dem Unterschied, dass anstelle von Geld im einen Fall Waren oder andere austauschbare Güter und im anderen Fall Goldmünzen, die nun zurückgezogen wurden und zu ihrer ursprünglichen Funktion als Ware zurückkehrten, in den Pool eingezahlt würden, als Gegenleistung für Quittungen in Form des neuen Kredit-Schuldgeldes. Die Folge wäre, dass der Croupier oder die für den Pool verantwortliche Behörde treuhänderisch für die Gemeinschaft verschiedene Formen von Eigentum halten würde, die dem virtuellen Reichtum der Gemeinschaft entsprechen. Da aber nicht beabsichtigt ist, das Geldsystem in der Zukunft jemals aufzulösen, ist es klar, dass all dieser tatsächliche Reichtum, der dem Wert des Virtuellen Reichtums entspricht, dauerhaft im Pool verbleiben würde. Wenn die Gemeinschaft gedeiht und expandiert, wird der Pool natürlich eher wachsen als schrumpfen, weil die Menschen ihren virtuellen Reichtum vermehren und dafür den entsprechenden realen Reichtum im Tausch gegen die Einnahmen, die Geld sind, aufgeben. Er kann nur dann abnehmen, wenn die Gemeinschaft zahlenmäßig oder in ihrem Wohlstand abnimmt, und er kann nur dann auf Null reduziert werden, wenn die Gemeinschaft aufhört zu existieren.

Dann würde die Situation eintreten, die das Bankgewerbe zuerst entdeckt und als Geschäftsgeheimnis bewahrt hat. Sie traten als Croupiers auf und nahmen das Gold der Öffentlichkeit entgegen, das ihnen freiwillig als Leihgabe oder zur Aufbewahrung überlassen wurde, und stellten dafür Banknoten aus, die gleichzeitig Quittungen für das aufgegebene Gold und Versprechen waren, es auf Verlangen zurückzuzahlen. Dann begannen diese Scheine als Geld zu zirkulieren. Zunächst lag für jeden Schein, der im Umlauf blieb, Gold in den Tresoren, und im Durchschnitt hielten sie immer eine viel größere Menge Gold, als für die Rückzahlung derjenigen ausreichte, die, anstatt die Scheine zur Begleichung ihrer Schulden zu verwenden, das Gold von der Bank zurückforderten. Dies hielt nicht lange an, denn natürlich begannen sie, einen Teil des Goldes gegen Zinsen an sichere Schuldner zu verleihen, und behielten nur so viel, wie sie für die Befriedigung der Goldnachfrage ihrer Kunden benötigten. Die Situation war nun so, dass sie ihren Einlegern mehr Gold schuldeten, als sie jederzeit zurückzahlen konnten, aber im Gegenzug von denjenigen, denen sie es geliehen *hatten*, ebenso viel Gold geschuldet bekamen und verpflichtet waren, es irgendwann in der Zukunft zurückzugeben. Aber auch dies hielt nicht lange an.

Der falsche Schritt

Es ist dieser nächste Schritt, der das Geld in seinem heutigen modernen Sinn einführt, in dem es eine im Wesentlichen neue Erfindung ist, und alle nachfolgenden Schritte sind lediglich Weiterentwicklungen des Originals. Denn die Bankiers begannen bald, nicht mehr Gold zu verleihen, sondern ihre eigenen Noten oder Versprechen, Gold zurückzuzahlen, das weder sie noch ihre Einleger besaßen. Selbst wenn es überhaupt so viel Gold gab, war es das Eigentum und der Besitz von anderen, die nicht zum Kreis ihrer Geschäfte gehörten. Unter der Annahme, dass sie nur Banknoten und kein Gold verliehen und letzteres als "Unterlage" für ihre Banknotenausgabe behielten, bestand die Situation also darin, dass sie Gold in Höhe der "Einlagen" ihrer Kunden plus der ausstehenden, im Umlauf befindlichen Banknoten schuldeten, die sie bei Rückgabe in Gold einzulösen verpflichtet waren, und gegen die Schulden hielten sie die Golddeckung in ihren Tresoren und die Wertpapiere oder "Sicherheiten" ihrer Schuldner, d. h. derjenigen, denen sie Schuldscheine (Versprechen, Gold zu zahlen) verliehen hatten, von denen sie aber natürlich ihre eigenen Schuldscheine zur Rückzahlung der Schulden akzeptieren mussten, wenn sie ihnen anstelle von Gold vorgelegt wurden.

Dies ist der Ursprung des modernen Geldes als Nichts für Etwas auf Seiten des legitimen Benutzers; als Etwas für Nichts auf Seiten des Emittenten; und als Etwas für ein Versprechen, es auf Seiten des Kreditnehmers zurückzuzahlen, mit ausreichender Sicherheit, an den der Emittent den Erwerb des Etwas, das *kostenlos* aus der Emission erwächst, übertragen hat. Das alles ist vom Standpunkt des virtuellen Reichtums aus sehr leicht zu verstehen, und die Notwendigkeit, daß die Gesamtheit der Individuen der Gemeinschaft einen Teil ihres Besitzes umsonst aufgeben und sich ständig verschulden muß, wenn sie den Tausch oder eine Tauschwährung vermeiden will. Wäre die Geldschöpfung von Anfang an, wie es sich gehört, als Vorrecht des Staates bewahrt worden, so wäre es nie zu der wechselvollen Geschichte der letzten zwei Jahrhunderte und der drohenden Spaltung der gesamten westlichen Zivilisation gekommen. Aber nur der Bankier kannte diesen Aspekt des Geldes, und er hielt ihn lange Zeit für das große Geheimnis seines Berufs. Aber es ist kein Geheimnis mehr.

Warum war sie falsch?

Warum ist es für die Sicherheit des Reiches so wichtig, dass das Geld, insbesondere das Kreditgeld, das Vorrecht der Krone ist, die als zentrale Behörde die gesamte Nation vertritt? Die Gründe dafür sind zahlreich, aber der bei weitem wichtigste wird deutlich, wenn wir uns noch einmal die oben beschriebene Etappe ansehen, die die Erfindung des modernen Geldes im definierten Sinne darstellt. Eine neue Währung wurde von den Banken dadurch geschaffen, dass die Menschen, die in der Industrie tätig sind, Schulden bei den Banken machen, *die nur durch die Zerstörung dieser Währung zurückgezahlt werden können*, denn es gibt nichts anderes, womit sie zurückgezahlt werden könnten. Wenn die Kreditnehmer der Banken ihre Schulden zurückzahlen müssen, müssen sie entweder Gold auftreiben, das nach allem, was die Banker wussten oder sich darum kümmerten, keine physische Existenz hatte, oder die eigenen Banknoten der Banker. Nun wurden diese Banknoten nicht verschenkt. Der Emissionsbetrag ist der Betrag, der der Bank geschuldet wird. Durch die Ausgabe neuen Geldes wird die Schuld gegenüber der Bank geschaffen und durch die Rückzahlung dieser Schuld wird das Geld wieder vernichtet. Es liegt auf der Hand, dass lange bevor ein großer Teil davon zurückgezahlt werden könnte, eine Geldknappheit entstehen müsste, und alle verbleibenden Schuldner wären physisch nicht in der Lage, sich das Geld zu beschaffen, d.h. ihre Produkte oder Erzeugnisse zu irgendeinem Preis zu verkaufen.

Der Bankier als Herrscher

Mit dieser Erfindung begann die moderne Ära des Bankiers als Herrscher. Danach stand ihm die ganze Welt zur Verfügung. Durch die Arbeit reiner Wissenschaftler wurden die Gesetze der Erhaltung von Materie und Energie aufgestellt und neue Lebensformen geschaffen, die auf der verächtlichen Verneinung solch primitiver und kindischer Bestrebungen wie des Perpetuum mobile und der Fähigkeit, jemals wirklich etwas für nichts zu bekommen, beruhten. Die ganze wunderbare Zivilisation, die auf dieser physischen Grundlage entstanden ist, wurde mit Haut und Haaren denjenigen überlassen, die der Welt nicht einmal ein Brötchen geben konnten und auch nicht gegeben haben, ohne es vorher jemand anderem zu rauben. Industrie und Landwirtschaft, die Erzeuger des positiven Reichtums, von dem die Gemeinschaften leben, können nur expandieren, indem sie sich immer tiefer bei den Banken verschulden. Sie wurden durch eine subtile und an ihrer Stelle nützliche Form der Buchführung, die weiterhin unter dem Niveau zählt, auf dem es etwas zu zählen gibt, in eine permanente und unausweichliche Knechtschaft gebracht. Die geschickten Schöpfer des Reichtums werden nun zu Holzfällern und Wasserschöpfern für die Schöpfer der Schulden, die im Verborgenen genau das tun, was sie in der Öffentlichkeit als unsolide und unmoralische

Finanzwirtschaft verurteilt haben und den Regierungen und Nationen stets verwehrt haben, offen und ehrlich zu handeln. Dies ist ohne Übertreibung die gigantischste Farce, die die Geschichte je inszeniert hat.

Die Gewinne der Geldemission

Wir verließen unsere hypothetische Gemeinschaft, die plötzlich vom Tauschhandel zum Kredit-Schuldgeld überging, wobei die zentrale Ausgabestelle im Besitz von Gold und anderen Wertgegenständen war, die dem virtuellen Reichtum der Gemeinschaft entsprachen, und letztere im Besitz der Quittungen für das, was sie aufgegeben hatten, die ihnen in Zukunft für immer als Geld dienen sollten. Es liegt auf der Hand, dass der gesamte Bestand an wertvollem Eigentum, der sich im Besitz des Emittenten befindet, in der Praxis nicht als "Unterlage" für das Geld belassen werden kann. Alles außer dem Gold und den Juwelen würde verrotten, wenn es nicht genutzt würde. Da es von diesen unvergänglichen Formen des Reichtums nicht genug gibt, um als Geld zu dienen, ist es müßig, alles, was es gibt, der völligen Verschwendung einer permanenten Einschließung in Tresoren und Tresorräumen zu überlassen, als Teilsicherheit für eine Schuld, die niemals zurückgezahlt werden kann, es sei denn, die Gemeinschaft kehrt zu dem primitiven Tauschsystem zurück, dem sie entwachsen ist. Es bedarf nur des gesunden Menschenverstandes, um vorzuschlagen, dass alles auf einmal für die allgemeinen Zwecke der Gemeinschaft verwendet werden sollte, indem ein Teil der notwendigen öffentlichen Ausgaben aus diesem Vorrat bestritten wird, die andernfalls durch Steuern gedeckt werden müssten. In dem Maße, in dem der virtuelle Reichtum der Gemeinschaft wächst, sollte auch der weitere Reichtum, den sie für das weitere neue Geld, das sie benötigt, aufgeben muss, demselben Zweck gewidmet werden.

Viele Menschen, die mit dem Studium des Geldes beginnen, überschätzen die Beträge, die man von der Gemeinschaft umsonst durch seine Ausgabe erhalten kann. Es wird sogar behauptet, dass die Steuerlast auf diese Weise vollständig gedeckt werden könnte und noch etwas für die kostenlose Verteilung übrig bliebe! Aber die Beträge, die man auf diese Weise *kostenlos* erhalten kann, dürften keine moderne Regierung in Verlegenheit bringen! Auch wenn sie aus der Sicht des Einzelnen groß sind, so sind sie doch klein im Vergleich zum Umfang der nationalen Ausgaben. Von vielen Seiten wurde die Hoffnung geäußert, mit dem neuen Geld eine nationale Dividende zu erzielen, aber diese Hoffnungen beruhen auf einem einfachen Irrtum über das Wesen eines tatsächlichen oder auch nur denkbaren Geldsystems. Eine gegebene Geldmenge wird bei unverändertem Preisniveau in der Regel *immer* weiter Waren und Dienstleistungen verteilen, so dass die Gesamtmenge an Waren und Dienstleistungen, die es von der Produktion zum Konsum und zur Nutzung weiterleitet, unbegrenzt ist. Es kann überhaupt kein neues Geld emittiert werden, solange die Produktionsrate nicht steigt. Nur wenn die Produktions- und Konsumtionsrate steigt, d. h. wenn die pro Jahr oder in einer anderen Zeiteinheit produzierten und konsumierten Gütermengen zunehmen, muss proportional mehr Geld ausgegeben werden, wenn das Preisniveau gleich bleiben soll.

Geld unzerstörbar ohne Enteignung

Es ist unsinnig, anzunehmen, dass sie vernichtet werden kann, "wenn sie ihre Arbeit getan hat". Es kann nicht vernichtet werden, ohne dass der Eigentümer des Geldes seines Anspruchs auf Waren und Dienstleistungen beraubt wird. Die Leichtigkeit, mit der die Banken Geld sowohl vernichten als auch erschaffen können, hängt damit zusammen, dass dieses Geld gar nicht verschenkt, sondern nur verliehen wird, und das für den Kreditnehmer geschaffene Kreditgeld ihm automatisch wieder entzogen wird und mit der Rückzahlung des Kredits verschwindet. Der Vorschlag, aus solchen Krediten nationale Dividenden zu zahlen, sieht dagegen gar nicht vor, Geld zu verleihen, sondern zu verschenken, und solche Ansprüche auf Reichtum können nicht wieder vernichtet werden, es sei denn durch Besteuerung oder eine andere Form der Enteignung, die den Eigentümer zwingt, das so ausgegebene Geld zur Vernichtung herauszugeben. Es ist geradezu erstaunlich, wie sehr manche Menschen noch an Magie glauben.

Es wird natürlich nicht behauptet, dass die Gewinne aus der Ausgabe neuen Geldes nicht als nationale Dividende an die Verbraucher ausgegeben werden könnten, sondern nur, dass die Beträge kaum lohnenswert wären, da praktisch jeder Verbraucher bereits weit mehr an Steuern zahlt, als er aus einer solchen Quelle zu erhalten hoffen könnte. Es wäre naheliegender, die Gewinne aus der Ausgabe neuen Kreditgeldes für die allgemeine Entlastung der Steuerzahler zu verwenden. Aber die gesamten Geldmengen, die in der Vergangenheit privat emittiert wurden, würden, wenn sie jetzt zur Entlastung des Steuerzahlers eingesetzt würden, eine sehr lohnende Verringerung seiner Belastung bewirken, etwa £ 2 pro Kopf der Bevölkerung und Jahr. Wenn dies geschehen wäre, könnten die weiteren jährlichen Beträge, die in diesem Land notwendig wären, wenn sie entweder als Entlastung der Steuerzahler oder als nationale Dividende verteilt würden, kaum mehr als ein paar

Schillinge pro Kopf und Jahr betragen, das heißt, wenn das Preisniveau nicht erhöht werden soll. Wenn das Preisniveau nicht konstant gehalten wird, sondern kontinuierlich ansteigt, bis das Geld schließlich wertlos wird, dann gibt es natürlich überhaupt keine Grenze für die Geldmenge, die als nationale Dividende ausgeschüttet oder anstelle von Steuern ausgegeben werden kann. Aber die Behauptung, man könne eine lohnende Staatsdividende ausgeben und die Preise durch gesetzliche Regelungen am Steigen hindern, ist heutzutage absurd. Denn alles, was man so *umsonst* bekommt, muss in der neuen Ökonomie genau dadurch ausgeglichen werden, dass andere darauf verzichten, das heißt, dass sie durch den zusätzlich ausgegebenen Betrag mehr Geld *einbehalten* als vorher, ohne es auszugeben. Das müssen sie ohnehin tun, aber ob das bedeutet, dass sie dafür freiwillig mehr Reichtum aufgeben als vorher, ist allein eine Frage des Preisniveaus. Wenn sie sich das nicht leisten können, dann steigt das Preisniveau und das Geld wird weniger wert.

KAPITEL III

DIE ENTWICKLUNG DES MODERNEN GELDES

Der Ursprung des Schecks

Die Erfindung des Schecks ist zeitlich älter als die des Bankscheins, der ursprünglich ein Versprechen war, Gold auf Anforderung auszuzahlen. Es war üblich, dass Kaufleute, die Gold bei den Goldschmieden, den Erfindern des "Bankwesens", wie es heute noch genannt wird, zur sicheren Aufbewahrung hinterlegt hatten, einen Auftrag oder eine Anweisung an die Goldschmiede schrieben, eine bestimmte Menge ihres Goldes an eine andere Person als sie selbst zu übergeben, die in dem Auftrag genannt wurde, und die gegen Vorlage und Indossierung als Beweis für die Ausführung des Auftrags diesen Betrag ausgezahlt bekam. Es handelte sich um ein Mittel zur Begleichung von Rechnungen mit Gläubigern, indem der Verwalter der Gelder der Schuldner angewiesen wurde, diese zu begleichen, ohne dass die Schuldner selbst das Geld abheben mussten, was genau dem modernen Scheck entspricht.

Die Bankiers entwickelten jedoch von Anfang an die Banknote, denn sie war ein wirksames Mittel, um ihren Ruf als ehrliche Geschäftsleute und vertrauenswürdige Personen in der ganzen Gemeinschaft zu verbreiten. Da die

Menschen feststellten, dass sie Banknoten jederzeit in der Bank gegen Gold eintauschen konnten, gewöhnten sie sich daran, sie von jedem anzunehmen, der sie als Zahlungsmittel anbot, und sie nur aus besonderen Gründen, z. B. bei Auslandsreisen, in Gold zu tauschen ( ), während der Name des Scheckausstellers nur relativ wenigen Menschen bekannt war und daher nicht den gleichen Grad an allgemeiner Akzeptanz besaß wie die Banknote als Geldform. Ehrlichkeit und Vertrauenswürdigkeit bedeuteten damals, dass man in der Lage war, das Gold gegen das Papier einzutauschen, wenn man darum gebeten wurde. Das war damals das Wichtigste, und es besteht kein Zweifel daran, dass der frühe Bankier ein sozialer Wohltäter war, als er ein Kreditmedium erfand, als Gold nicht mehr ausreichte. Dieser altmodische Typus von Bankier wäre entsetzt über die schreckliche Macht, die er in weniger skrupellose Hände gelegt hat.

Die Banken hatten ein unmittelbares Interesse daran, dass die Fälschungen ihrer Banknoten sofort aufgedeckt und aus dem Verkehr gezogen wurden, und dass diejenigen, die sie ausstellten, aufgespürt und streng bestraft wurden, weil sie etwas taten, was, wie sich jetzt herausstellt, in seinen letzten Konsequenzen weit weniger sozial gefährlich war als das, was die Bankiers selbst taten. Aber in diesem Stadium der Geldentwicklung wurde die physische Unmöglichkeit der Rückzahlung der Schulden, die sie zu diesem Zweck so sorgfältig geschaffen hatten, nicht verstanden, und die Öffentlichkeit war immer noch fest davon überzeugt, dass die Konvertierbarkeit des Papiers in seinen Nennwert aus Edelmetall das Notengeld ausmachte. Das Papier selbst aber war Geld, weil der Besitzer diesen Wert an Gütern und Dienstleistungen aufgegeben hatte, um es zu erwerben, und daher Anspruch auf einen Gegenwert im Austausch für es hatte. Die gesamten geldemittierenden Interessengruppen fuhren jedoch mit allen Mitteln ihrer rasch wachsenden Macht fort, die andere Sichtweise eifrig zu propagieren. Deshalb dachten sie und die Politiker, dass es einen Aufschrei geben würde, als bei Ausbruch des Krieges der Plan in Kraft trat, alles Gold einzuziehen und durch reines Kreditgeld zu ersetzen. Aber es gab keinen Aufschrei, die meisten Menschen zogen die neuen Papierscheine den goldenen Sovereigns vor. Auch die hartnäckigen und ruinös erfolglosen Bemühungen in der Nachkriegszeit, zum Gold zurückzukehren, sind aus Sicht der öffentlichen Vorurteile in keiner Weise gerechtfertigt. Was die Bürger wollen, ist ein konstanter Preisindex, damit der Wert des Geldes in Waren und Dienstleistungen stabil bleibt. Das können sie, wie wir sehen werden, nicht haben, ohne das "Bankwesen", wie es heute verstanden wird, zu zerstören. Hier muss man, wie immer, sehr scharf zwischen den Interessen der Öffentlichkeit und denen ihrer wirklichen Herrscher unterscheiden; und bisher hat die Demokratie noch nie eine Regierung gehabt, die sich darauf verlassen konnte, unabhängig von der Geldmacht zu regieren.

Staatliche Regulierung des "Bankwesens"

Doch obwohl die Öffentlichkeit im Interesse der Banken eifrig vor Fälschern geschützt wurde, war sie nicht vor den Ausfällen der Banken bei der Einlösung ihrer unmöglichen Versprechen geschützt, die so häufig auftraten und einen so weitreichenden Ruin verursachten, dass das gesamte Geldsystem in dieser Phase des Übergangs gefährdet war. Hierfür gab es viele Gründe. Nachdem die Regierung den Banken zunächst erlaubt hatte, ihr Vorrecht bei der Geldschöpfung zu missbrauchen, anstatt es selbst zu schaffen, versuchte sie auf jede erdenkliche Weise, sie zu behindern und zu vereiteln. Zumindest was die Landes- und

Geschäftsbanken betraf, waren sie misstrauisch und feindselig gegenüber Neuerungen, die gegen die übliche Geschäftsmoral zu verstoßen schienen und eine neue Form der Geldfälschung darstellten. In Bezug auf sich selbst verhielten sie sich jedoch anders. Anstatt selbst genügend Geld auszugeben, begünstigten und ermächtigten sie mehr und mehr eine Bank, die Bank of England, für sie tätig zu werden und im Gegenzug Einnahmen für Regierungszwecke zu erzielen. Diese Bank wurde 1694 unter Wilhelm III. nach dem Vorbild früherer italienischer Banken gegründet, um die Regierung mit Geldmitteln zu versorgen, und sie verlieh Geld gegen Zinsen zunächst gegen die Erlaubnis, Geldscheine in gleicher Höhe auszugeben, und wurde bald mit einem Monopol für die Ausgabe von Geldscheinen belohnt, die auf Verlangen in Goldmünzen eingelöst werden konnten, was bis 1709 andauerte. Von ihrer Entstehung bis heute war sie nie eine Bank des englischen Volkes, sondern eine Bank, die die Regierung mit Geld versorgte, in erster Linie und hauptsächlich für Kriegsausgaben - eine Waffe, die die Regierung gegen das Volk einsetzen kann und dies auch tut. Aber von einer so genannten Bank der Bankiers ist sie jetzt fast die Regierung der Regierung geworden.

Außerhalb dieses Ziels war die staatliche Regulierung des "Bankwesens" restriktiv. Unter dem Vorwand, die Öffentlichkeit davor zu schützen, von unehrlichen und unseriösen Banken betrogen zu werden, wurde die Stellung der ehrlichen und damals sozial eingestellten Bankiers so prekär, dass ihr Scheitern und der daraus resultierende Ruin von Kaufleuten und Gewerbetreibenden fast unvermeidlich wurde. Diese Politik gipfelte im Bank Charter Act von Sir Robert Peel aus dem Jahr 1844, der nominell das Geldsystem in diesem Land bis zum Krieg festschrieb, durch den die Banken aber bald feststellen mussten, dass sie eine Kutsche mit vier Wagen fahren konnten. Das Gesetz sah vor, die Ausgabe von Banknoten in England mit Ausnahme der Bank of England zu begrenzen und schließlich ganz zu unterbinden, wobei die Ausgabe der Bank of England auf vierzehn Millionen über der Goldreserve begrenzt wurde (die so genannte Treuhandausgabe, weil sie auf dem Vertrauen der Öffentlichkeit und nicht auf deren Bedürfnissen beruhen sollte). Dadurch wurde die Ausbreitung der Notenwährung wirksam gebremst, und das Ergebnis war, dass der Scheck, zunächst im Verborgenen, an die Stelle der Note als Mittel zur Schaffung neuen Geldes trat und bald die überwiegende Form des Kreditmediums wurde.

Ausleihe von Scheckbüchern

Anstelle des Druckens und Verleihens von Banknoten, einer offensichtlichen Geldschöpfung, entstand diese viel heimtückischere und gefährlichere Form der Emission. Dem Kreditnehmer ohne Geld wurde erlaubt, Schecks auszustellen, als ob er Geld hätte und einen Überziehungskredit bei der Bank zu schaffen. Die Bilanz der Bank wurde so gefälscht, dass sie immer noch ausgeglichen war. Denn auf der einen Seite wurde dem Einzelnen der Grenzbetrag gutgeschrieben, bis zu dem er überziehen durfte, und auf der anderen Seite die gleiche Summe als Schuld des Einzelnen gegenüber der Bank. Natürlich mussten vor der Gewährung des Privilegs erhebliche Sicherheiten bei der Bank hinterlegt werden, deren Wert den Betrag der Überziehung deutlich überstieg, um der Bank eine ausreichende Sicherheitsmarge zu verschaffen. Wenn der Schuldner seinen Verpflichtungen nicht nachkam, wurden die Beträge, die er aufgrund seines Überziehungskredits in Umlauf bringen durfte, durch eine

Zwangsversteigerung der Sicherheiten von der Öffentlichkeit zurückgefordert. Unter solchen Umständen konnte nicht erwartet werden, dass das Wertpapier seinen tatsächlichen Wert erlangt. Da solche Liquidationen außerdem in Zeiten des Konkurses vorkommen, wenn das Geld knapp und die Preise niedrig sind, während "Kredite" in Zeiten der Hochkonjunktur gefragt sind, wenn das Geld reichlich vorhanden und die Preise hoch sind, konnten die Banken auf diese Weise wertvolle Wertpapiere zu Zwangsversteigerungspreisen erwerben. Sie brauchten die Wertpapiere nur zu halten, bis das "Vertrauen" zurückkehrte, wenn sie das Geld, das sie zurückgerufen hatten, wieder ausgaben, so dass es wieder reichlich vorhanden war, um viel mehr für sie zu erzielen, als sie beim Verkauf erzielt hatten, um das Geld, das durch die Überziehung in Umlauf gebracht worden war, von der Öffentlichkeit zurückzuerhalten. Es ist wichtig, sich klarzumachen, dass es für die Bank so oder so ein Fall von "Kopf ich gewinne, Zahl du verlierst" ist. Außerdem ist das Geld, das sie zurückbekommen, im Durchschnitt mehr wert als das, was sie zum Verleihen erschaffen.

Das war im Grunde nichts Neues und unterschied sich auch nicht prinzipiell vom Verleihen von "Zahlungsversprechen auf Gold" anstelle von Gold selbst, außer dass die Banken die Notwendigkeit vermieden, gedruckte Quittungen für die Waren und Dienstleistungen auszustellen, die ihre Kreditnehmer umsonst erhalten hatten, und dass es eine geheime statt einer offenen Geldschöpfung gab. Statt Geldscheine zu verleihen, verleihen die Banken nun Scheckbücher und das Recht, Schecks bis zu einer begrenzten Summe auszustellen, die über das hinausgeht, was der Kreditnehmer besitzt. Fast ein Jahrhundert lang, bis die Enthüllungen des Krieges es unmöglich machten, die Wahrheit vor der Öffentlichkeit zu verbergen, leugneten die

Bankiers hartnäckig, dass sie überhaupt Geld schufen, und behaupteten, dass sie lediglich die Einlagen, die ihre Kunden nicht nutzten, verliehen. Der Präsident der Bank von Montreal wiederholte dies noch vor einem Jahr, aber im Grunde genommen war all dies schon vor dem Krieg bekannt und wurde von den orthodoxen Apologeten dieses monströsen Systems zugegeben, gewöhnlich mit einer verlogenen Phrase wie "Jeder Kredit ist eine Einlage"

Echte und fiktive Kredite

Denn ein Kredit, wenn es sich um einen echten Kredit handelt, stellt *keine* Einlage dar, denn was der Kreditnehmer erhält, gibt der Kreditgeber zurück, und es findet keine Vermehrung der Geldmenge statt, sondern nur eine Änderung der Identität der einzelnen Eigentümer des Geldes. Wenn aber der Kreditgeber gar nichts abgibt, erhält der Kreditnehmer eine Neuemission von Geld, und die Menge wird entsprechend erhöht. Die wirkliche Natur dieses lächerlichen Vorgangs wurde von einigen der klügsten und geschicktesten Verfechter, die die Welt je gekannt hat, so kunstvoll mit Verwirrung umhüllt, dass es für gewöhnliche Menschen immer noch so etwas wie ein Rätsel ist, dass sie sich den Kopf zerbrechen und zugeben, dass sie "nicht in der Lage sind, die Finanzierung zu verstehen", was auch nicht beabsichtigt ist. Aber wenn diese Leute, anstatt zu versuchen, es nach dem Motto "was man für Geld bekommt" zu enträtseln, das Verfahren umkehren, wie in diesem Buch, und es nach dem Motto "was man dafür aufgibt" tun, ist der Trick klar genug.

Girokonto Einlagen

Die Guthaben auf Scheckkonten bei der Bank stellen in Geldeinheiten den Wert dessen dar, was die Eigentümer an Waren und Dienstleistungen aufgegeben haben, um diese Ansprüche auf gleichwertige Waren und Dienstleistungen auf Verlangen zu erwerben. In dem Maße, in dem der eine sein Geld ausgibt, erhält ein anderer es, oder in dem Maße, in dem der eine die ihm geschuldeten Güter und Dienstleistungen erhält, gibt ein anderer sie auf und erhält dafür eine Gutschrift. Bei echten "Termingeldern" ist das jedoch ganz anders, auch wenn die Bankpraxis darauf ausgerichtet ist, diesen Unterschied zu verschleiern. In einem ehrlichen Geldsystem würde man auf diesem Unterschied bestehen, da er für eine genaue Buchführung unerlässlich ist. Diese Frage ist jedoch zu wichtig, um sie nebenbei zu behandeln, und ihre Erörterung wird aufgeschoben. Wir werden uns hier auf die Einlagen auf Scheckkonten beschränken.

Die Summe der Scheckkonten, ohne die echten Termingelder, stellt, wie gesagt, in Geldwerteinheiten das dar, was den Eigentümern des Geldes (*nicht* den Kreditnehmern), die mit den Banken handeln, auf Verlangen an Waren und Dienstleistungen von der Nation, in der das Geld gesetzliches Zahlungsmittel ist, geschuldet wird. Diese riesigen Geldsummen sind in erster Linie eine Schöpfung der Bank. Wenn die Bank vorgibt, ihr Geld zu verleihen, reduziert sie den Betrag der Ansprüche der Eigentümer auf Waren und Dienstleistungen auf Verlangen um keinen Pfennig. Sie teilen ihnen nicht mit, dass sie das Geld nicht mehr abheben können, da es an andere verliehen wurde! Sie schaffen unter der Gesamtheit der Verkäufer, die Waren und Dienstleistungen liefern, im Austausch für die Schecks, die die Banken ihren Kreditnehmern zu ziehen gestatten, *neue* Forderungen an die Gemeinschaft für Waren und Dienstleistungen. Wenn diese Schecks auf die Konten der Verkäufer eingezahlt werden, schaffen sie neue Einlagen bei den Banken. Wenn die Kreditnehmer ihre Kredite zurückzahlen und ihre Konten ausgleichen, ziehen sie zu diesem Zweck Geld von denjenigen ab, denen sie Waren und Dienstleistungen verkaufen, und indem sie ihre Überziehungen stornieren, verschwindet dieses Geld ebenso unerklärlich, wie es aufgetaucht ist. Wenn wir uns das Unmögliche vorstellen können, dass es ihnen jemals gelingen würde, sich von ihren Schulden bei den Banken zu befreien, wäre jeder übrig gebliebene Penny eine halbe Krone wert, und Leute, die£ 3 pro Woche verdienen, würden 2s. pro Woche bekommen.

Warum Scheckgeld gegenüber Wertmarken bevorzugt wird

Wir müssen nur physische Zähler oder Quittungen ersetzen, um die völlige Unehrlichkeit der Buchführung zu zeigen. Denn wenn ein Mensch ein physisches Geldstück aus der Hand gibt, sei es, um es jemandem zu leihen oder um damit etwas von jemandem zu kaufen, dann ist es für ihn vorbei. Er kann es nie wieder ausleihen oder ausgeben. Er muss ein anderes Geld verdienen oder warten, bis sein Kredit fällig wird, bevor er ein anderes Geld zurückbekommen kann, um es erneut zu verleihen oder auszugeben. Aber ein Mann, der sein Geld auf einem Scheckkonto deponiert, kann es genau so verleihen oder ausgeben, als hätte er es gar nicht deponiert, indem er einen Scheck über den Betrag ausstellt, und doch ist es dasselbe Geld, das die Bank vorgibt, zu verleihen.

Der Gold-Standard

Es ist nur sehr kurz notwendig, auf die inzwischen überholten Methoden einzugehen, mit denen bis zum Krieg die Geldmenge in einem ständigen Zustand von Ebbe und Flut gehalten wurde, der als Handels- oder Kreditzyklus bekannt ist, indem man sie in Gold konvertierbar machte. Die Einzelheiten dieser "wunderbar funktionierenden automatischen Regulierung" sind das Standardwerk aller Autoren des konventionellen Geldes der Vorkriegszeit und brauchen uns nicht aufzuhalten. Die Geldmenge wurde mit Hilfe des Goldstandards reguliert. Letzteres bedeutete, dass der Wert der Geldeinheit in einer großen Anzahl von Ländern gleich dem eines bestimmten Goldgewichts gehalten wurde, indem das Geld theoretisch immer in Gold getauscht werden konnte. In der Praxis bedeutete dies, dass eine Reihe von neuen Teufeleien entstanden, deren Ziel es war, jeden Versuch des Umtauschs in Gold zu vereiteln, sobald dieser stattfand. Da es auf der ganzen Welt nur genug Gold für einen kläglichen Bruchteil der Goldforderungen gab, die durch die einfache Methode des Scheckbuchverleihs entstanden waren, durften die Bankiers auf keinen Fall überrumpelt werden. Alle anderen trugen die Verluste. Ob Boom oder Flaute, der Bankier hatte Erfolg.

Es war leicht, den Geldpreis des Goldes festzulegen, aber wie wurde der Warenpreis des Goldes festgelegt? Da für Gold ein fester Preis festgelegt wurde, schwankte der Preis jeder anderen Ware nun im Verhältnis zu dem willkürlich festgelegten Preis. Der Durchschnittspreis bzw. das Preisniveau schwankte im letzten Jahrhundert enorm. In allen Ländern gab es fünf deutlich erkennbare Perioden, in denen sich der Wert veränderte, was auf unzählige

Ursachen zurückzuführen ist. Abgesehen von menschlichen und psychischen Einflüssen waren einige der offensichtlichsten physischen Einflüsse die Entdeckung von Goldminen, die Erfindung neuer technischer Verfahren zur Goldgewinnung, die Anzahl der Länder mit Goldwährungen im Vergleich zu denen mit Silberwährungen und so weiter. Es war wirklich viel schlimmer, als die Höhe des Barometers zu standardisieren, es einen "Balken" zu nennen, was auch immer das war, und alle Längen in Bezug auf den "Balken" auszudrücken, der im Moment gerade war. Die Schwankung des Preisniveaus in Bezug auf Gold lag jedoch in einem Bereich von zwei oder drei zu eins. Dies macht die Schwankung der Barometerhöhe in Bezug auf den Yard oder des Yards in Bezug auf die Barometerhöhe, , welche auch immer als "Standard" genommen wird, im Vergleich fast vernachlässigbar.

Die Fähigkeit der Banken, Geld zu schaffen, ohne dafür etwas aufzugeben, hing davon ab, dass sie stets über genügend gesetzliches Zahlungsmittel (konvertierbar in Gold) verfügten, um die Nachfrage ihrer Einleger zu befriedigen, d.h. derjenigen, die Geld auf "Girokonten" eingezahlt haben. In der Praxis stellte sich heraus, dass etwa fünfzehn Prozent ihrer gesamten Einlagen für ihre Sicherheit ausreichten, aber da die Verwendung von Schecks ständig zunimmt, sinkt dieser Prozentsatz. Man geht davon aus, dass der Sicherheitsfaktor jetzt bei etwa zehn Prozent liegt, aber vielleicht ist er nicht ganz so hoch. Niemand außer den Bankern selbst kann in einem Zeitalter des potentiellen Überflusses irgendeinen Sinn darin sehen, dass sie ständig versuchen, die Arbeit von £ 10 oder mehr zu erledigen, während sie in Wirklichkeit Ansprüche auf neun andere geschaffen haben, die die Eigentümer nur zu fordern brauchen, um sie in Panik zu versetzen und sie dazu zu bringen, die Regierung um ein Moratorium zu bitten.

Das korrekte Verfahren

Richtig wäre es natürlich, wenn die Regierung so viele Pfund ausgeben würde, wie die Bürger auf Waren und Dienstleistungen im Wert von einem Pfund *gratis* verzichtet haben, nicht ein Zehntel davon, und sie sollte von den Banken verlangen, für jedes Pfund auf den Girokonten der Bankkunden auf ewig 1 Pfund an nationalem Geld zu halten.

Seitdem das Bankwesen durch die Ausgabe von Scheckbüchern anstelle von Banknoten zur Münzprägung geworden ist, waren die Banken nie zahlungsfähig, sondern mussten ihre Zahlungen einstellen, sobald sie um mehr als ein Zehntel des Geldes (gesetzliches Zahlungsmittel) gebeten wurden, das sie ihren Girokontoeinlegern schuldeten. Die oben vorgeschlagene Maßnahme würde sie zum ersten Mal in der modernen Phase ihrer Geschichte solvent machen. Da sich das Geld immer in den Banken befände, hätten die wilden Goldtransporte ein Ende, die den Wert des Geldes hier erhöhen und dort senken, die Waren, die für den Export bestimmt sind, plötzlich auf den heimischen Markt werfen und ebenso plötzlich den heimischen Markt leeren und die Waren ins Ausland verschiffen, und all die ruchlosen und skrupellosen Machenschaften, die im Laufe eines Jahrhunderts Erfahrung mit dieser geheimen privaten Münzprägung erfunden wurden, um die Welt arm zu halten und den Vorrat an fleißigen Kreditnehmern in einem Zeitalter des Überflusses aufrechtzuerhalten.

Abgesehen von dieser wirklichen Erklärung besteht der einzige scheinbare Grund darin, die Menschen daran zu hindern, das Geld einzufordern, für das sie den Gegenwert in Form von Waren und Dienstleistungen aufgeben mussten, für das die Regierung es aber bisher unterlassen hat, ordnungsgemäße Quittungen auszustellen. Die Regierung hat dies zwar nicht getan, weil sie die Waren und Dienstleistungen noch nicht erhalten hat, aber die fleißigen Kreditnehmer haben das Geld erhalten und darüber hinaus für jedes geliehene Pfund reichlich Sicherheiten geleistet. Der Vorschlag lautet daher, dass die Regierung den Banken im Austausch gegen die Sicherheiten der Kreditnehmer das notwendige Geld ausgibt, so dass diese Kreditnehmer fortan nicht den Banken, sondern der Nation etwas schulden, die - nicht die Banken - die Waren geliefert hat. Sie können dann ihre Schulden zurückzahlen, ohne die Währung der Nation zu zerstören und es ihnen unmöglich zu machen, das Geld zum Bezahlen zu finden. Denn wenn die Kredite fällig werden und zurückgezahlt werden, sollte die Regierung das Geld wieder in Umlauf bringen (oder in die Pfund-für-Pfund-Einlagen der Schecknutzer), indem sie damit Staatsschuldenpapiere kauft und sie vernichtet. Auf diese Weise würde ein Äquivalent an zinstragenden Staatsschulden für die unverzinslichen Staatsschulden, die Geld *sind*, vernichtet werden. Denn dieses Geld wurde von den Banken heimlich über das Schecksystem emittiert. Dies geschah, als die Regierung sie daran hinderte, Banknoten auszugeben, und versuchte, diese Form der Währung durch die Bank of England zu beschränken und zu kontrollieren. Es ist an der Zeit, dass die Rechtmäßigkeit dieser Vorgänge gerichtlich überprüft wird. Es ist eine merkwürdige Art von Gesetz, das die offene Ausgabe von Geld zum Hochverrat macht und die geheime Ausgabe unter einem getarnten Namen, als Bankkredit, so straffrei stellt, dass es bis vor kurzem sogar als Hochverrat galt, die Legalität in Frage zu stellen. Aber das ist jetzt alles überholt.

Der Kredit- oder Handelskreislauf

Bis zum Ausbruch des Krieges vollzog sich der unvermeidliche Kreislauf des Systems auf relativ einfache Weise, etwa so.

I. Eine Periode, in der die Geldvermehrung (dadurch, dass im Durchschnitt mehr Bankkredite ausgegeben als zurückgezahlt werden) schneller erfolgt als der virtuelle Reichtum zunimmt und die Preise daher steigen. Es gibt eine Fülle von Gütern, *die gerade* produziert werden, aber aufgrund der Tatsache, dass die Kredite zu Beginn der Produktion vergeben werden - und nicht auf die korrekte Art und Weise, indem das neue Geld an die Verbraucher als Steuererleichterung ausgegeben wird, nachdem die neue Produktion ausgereift ist und verkauft werden kann - sind Produktion und Konsum aus dem Takt geraten. Die Produktion hinkt dem Konsum um etwa die Hälfte der durchschnittlichen Produktionszeit hinterher, da das neue Geld dem Markt den fertigen Reichtum entnimmt, um die Arbeiter zu bezahlen, und letztere nur den unfertigen Reichtum in seinem Anfangsstadium oder in einem Zwischenstadium einbringen. Später wird es notwendig sein, auf diesen grundlegenden physikalischen Irrtum des gesamten Geldsystems der Bankiers zurückzukommen.

Aber selbst in diesem Stadium ist leicht zu erkennen, warum die Preise steigen müssen und warum der virtuelle Reichtum nicht in dem Maße wachsen kann, wie das Geld zunimmt, so dass der Wert des letzteren erhalten bleibt. Die Menschen sind immer mit Geld auf dem Markt, um zu kaufen, im Durchschnitt einige Monate bevor die Waren da sind. Dies führt zu einem Abfluss der vorhandenen Vorräte und zu einem Mangel an fertigem Reichtum, so dass, wenn die Preise nicht steigen würden, es überhaupt keine Waren gäbe, die für den Teil des gesamten Geldes verkauft werden könnten, der dem zusätzlich geschaffenen Betrag entspricht. Natürlich steigen die Preise, so dass dies nicht geschieht. Aber alle bekommen weniger Waren für ihr Geld als vorher. Da das Geld nun weniger wert ist als zuvor, müssen die Menschen mehr davon zurückbehalten, um den gleichen virtuellen Reichtum (oder Kredit für Waren und Dienstleistungen) wie zuvor zu besitzen. Bald kann man mit der erhöhten Geldmenge nicht mehr kaufen als mit der ursprünglichen Menge.

2. Obwohl alle anderen Preise steigen, wird der Goldpreis willkürlich festgelegt. Dies bedeutet an sich nur, dass der Wert des Goldes im Verhältnis zu den Waren sinkt. Die Auswirkungen der Neuemissionen von Kreditgeld sind die gleichen, wie wenn tatsächlich neue Goldminen entdeckt worden wären. Der Preisanstieg führt dazu, dass die bestehenden Goldminen unrentabel werden und die Minen nicht mehr zahlen können, was wiederum zu einem Rückgang der Goldproduktion führt. Aber ein solcher Einfluss, der die *jährliche* Goldproduktion verringert, kann nur einen winzigen Unterschied in der Gesamtmenge des Goldes bewirken und könnte erst nach langer Zeit eine spürbare Wirkung auf das Preisniveau haben. Die tatsächliche Nachfrage nach Gold, abgesehen von der Unterlegung von Kreditgeld, ist heute nicht groß. Zu seinem Preis ist es eigentlich ein ziemlich nutzloses Metall. Diese Änderung des Verhältnisses zwischen den Werten von Gold und Waren an sich könnte in einer in sich geschlossenen Gemeinschaft keine automatisch regulierende Wirkung entfalten, da Gold kaum in die

Kategorie der Waren fällt, die die meisten Menschen kaufen, um leben zu können. Aber natürlich betrügt der Anstieg der Preise alle Gläubiger zugunsten der Schuldner.

Die Wirkung des Goldstandards besteht jedoch darin, dass Gold zum internationalen Geld wird. Da das Geld nur eine Schuld gegenüber der Gemeinschaft ist, deren gesetzliches Zahlungsmittel es ist, und keine Schuld, die von irgendeinem anderen Land anerkannt wird oder gegen ein anderes Land durchgesetzt werden kann, muss die internationale Verschuldung durch den Transfer tatsächlicher Waren oder Dienstleistungen von dem Land, das die Schuld trägt, an das Land, das die Schuld trägt, beglichen werden, sofern sie nicht den Charakter eines dauerhaften Kredits oder einer zinsbringenden Anlage hat oder in eine solche umgewandelt wird. Die Konvertierbarkeit des gesetzlichen Zahlungsmittels in Gold führt also dazu, dass die Schulden eines Landes gegenüber dem Ausland, wenn die Preise aller anderen Waren gestiegen sind, die des Goldes aber nicht, billiger durch den Versand von Gold als von anderen Waren beglichen werden können. Wie wir gesehen haben, führt die erste Stufe zu einer ständigen Warenknappheit, da die Produktion ständig hinter dem Verbrauch zurückbleibt. Dadurch entsteht natürlich eine Nachfrage nach Waren, und die Waren können nun im Ausland gekauft werden, wo immer sie billig und reichlich vorhanden sind, und durch die Verschiffung von Gold im Austausch gegen andere Waren bezahlt werden, da alles außer Gold im Preis gestiegen ist. Die Preise entsprechen im Inland der abgewerteten Währung, im Ausland jedoch dem alten Kurs. In dieser zweiten Phase werden also die Goldvorräte des Landes geleert, und unter dem vor dem Krieg bestehenden System, als die Öffentlichkeit das Recht hatte, Gold im Tausch gegen Banknoten und Schecks zu verlangen, wurde das

Verhältnis zwischen "Bargeld" und Krediten (Gesamteinlagen) bei den Banken schließlich unter die Grenze gesenkt, die der Bankier als wesentlich für seine Solvenz ansah.

3. Der Bankier verringert nun die vorhandene Geldmenge, indem er seine Kredite nicht so schnell erneuert, wie sie zurückgezahlt werden. Diese Kredite, die in einer Zeit steigender Preise aufgenommen wurden, müssen nun in einer Zeit fallender Preise zurückgezahlt werden, so dass durch die Veränderung der Kaufkraft des Geldes und ganz abgesehen von den für den Kredit gezahlten Zinsen die Waren und Dienstleistungen, die von den Kreditnehmern aufgegeben werden müssen, um das Geld für die Rückzahlung zu erhalten, im Durchschnitt immer größer sein müssen als die, die sie mit dem geliehenen Geld erhalten haben. Bevor ein beträchtlicher Teil dieser Kredite zurückgezahlt werden kann, wird es unmöglich, das Geld zu beschaffen, d.h. Waren zu verkaufen, außer mit ruinösen Verlusten für die Produzenten. So werden einige von ihnen in den Konkurs getrieben. Ihre Sicherheiten werden von der Bank veräußert oder, wenn sie nicht mehr den Betrag für die Rückzahlung des Kredits erbringen, von ihr beschlagnahmt. In diesem Zusammenhang sind die Kreditnehmer, die am meisten verdient haben und deren Vermögen daher mehr wert ist als das derjenigen, die bei der Führung ihrer Geschäfte weniger effizient und vorsichtig waren, die ersten Opfer. Sie werden veräußert und ruiniert, während diejenigen, deren Vermögen die Forderungen der Bank nicht erfüllen würde, eine bessere Chance haben, zu entkommen, in der Hoffnung, dass sie später besser veräußert werden können.

Wie die Verluste verteilt werden

Unter (1) wird das von den Banken geschaffene Geld von der gesamten Gemeinschaft durch den Verlust der Kaufkraft des vorher existierenden Geldes bezahlt. Alle Verträge über künftige periodische Zahlungen für Dienstleistungen, wie Löhne, Gehälter, Zinsen und Mieten, und solche, die durch Gesetz oder Gewohnheit festgelegt sind, wie Fahrpreise, Postdienste und Berufshonorare, werden zum Schaden derjenigen, die Geld erhalten, unwirksam, während diejenigen, die diese Dienstleistungen erhalten, einen unabgesprochenen Vorteil erhalten, genau so, als ob es eine allgemeine Schrumpfung des Gewichts des Pfunds, des Volumens des Pints oder der Länge des Yards gegeben hätte. Dies ist die Inflationsperiode in dem einzigen Sinne, in dem der Begriff überhaupt eine Bedeutung hat, nämlich die Periode, in der der Wert des Geldes entwertet wird.

Bei (2) handelt es sich um eine tiefgreifende internationale Störung, die die freundschaftlichen Beziehungen zwischen den Nationen gefährdet, worauf wir noch näher eingehen müssen. Unter (3) haben wir die deflationäre Periode, in der der Wert des Geldes auf den Wert in Gold zurückgeführt wird, den es ursprünglich hatte. Es kommt zu einer allgemeinen wirtschaftlichen Lähmung, weil die Bemühungen der Schuldner, ihre Schulden zurückzuzahlen, die Zahlungsmittel zerstören. In dem ganzen System ist der grundlegende Zweck des Geldes aus den Augen verloren worden. Anstatt ein Mittel zu sein, das es einer Gemeinschaft ermöglicht, Waren und Dienstleistungen ungehindert vom Erzeuger an den Endverbraucher und -nutzer weiterzuleiten, wurden die Interessen der gesamten Gemeinschaft geopfert, um es den

Banken zu ermöglichen, mehr Geld zu verleihen, als in physischer oder greifbarer Form vorhanden ist. Es gibt nicht den geringsten Grund ( ), warum nicht genauso viel vorhanden sein sollte, wie die Wirtschaft des Landes erfordert, solange es nur ausgegeben wird, wenn zusätzlicher Reichtum zum Verkauf ansteht. Die Situation ist dadurch entstanden, dass die Nation es versäumt hat, ihr Vorrecht auf die Ausgabe von Geld auszuüben, und dass die Banken eine Methode bevorzugen, die es vermeidet, denjenigen, die für das Geld auf Güter und Dienstleistungen verzichtet haben, angemessene nationale Einnahmen oder überhaupt irgendetwas als Gegenleistung zu geben. Es gibt auch nicht den geringsten Grund für die Existenz des Bankwesens in seiner jetzigen Form, was auch immer vor zwei Jahrhunderten der Fall gewesen sein mag. Die Öffentlichkeit ist Eigentümerin der Waren und Dienstleistungen, auf die der Bankier verzichtet, ohne eine Gegenleistung für die Abgabe zu erbringen, und sie bezahlt für die private Emission von Geld, indem sie des Gewinns aus der Emission beraubt wird, ebenso wie durch den Anstieg der Preise, den die falsche Art der Emission mit sich bringt.

Betrügerische monetäre Terminologie

Die gesamte Terminologie des Systems wird auf den Kopf gestellt. So sollten Bankkredite, wenn die Rechnungslegung in Waren und Dienstleistungen und nicht in Zahlen erfolgt, Bankschulden sein, die Schulden der Banken gegenüber der Gemeinschaft für die Waren und Dienstleistungen, die die Banken der Nation aufgebürdet haben, indem sie mittellose Kreditnehmer ermächtigten, sie ohne Bezahlung zu erhalten. Auch bei dem so wichtigen Verhältnis von Bargeld zu Krediten, das in verschiedenen

Epochen zwischen fünfzehn Prozent und wahrscheinlich sogar sieben Prozent oder weniger lag, sind beide Begriffe falsch. Wir können die Betrachtung des zweiten Begriffs verschieben, der einfach *die Summe* der Kontokorrent- und Termin-"Einlagen" ist und in Wirklichkeit die Schuld der Bank gegenüber ihren Einlegern für Geld auf Abruf *und* bei rechtzeitiger Kündigung darstellt. Es ist der Kredit der Öffentlichkeit und die Schuld der Banken. Was aber das "Bargeld" betrifft, so wird, wie auch der größte Laie weiß, der weitaus größte Teil dieses "Bargeldes" heute von der Bank von England geschaffen, wobei die Schulden der Bank von England bei den Clearing-House-Banken als "Bargeld" verbucht werden. Wir können auch die nähere Betrachtung dieses Punktes auf einen späteren Zeitpunkt verschieben. Unter dem Schutz der Regierung scheint diese Bank es für einen großen Spaß zu halten, die Öffentlichkeit zu verarschen.

Der Goldabfluss

Die Vorrichtungen, mit denen an der Währung herumgepfuscht wurde, um ein Minimum an echtem nationalem Geld zur Grundlage für eine wahrscheinlich zehn- bis zwanzigfach größere umgekehrte Pyramide aus magisch auftauchendem und verschwindendem Geld, genannt "Bankkredit", zu machen, und die Methode der Regulierung der gesamten Geldmenge durch die Bank of England waren von brutaler und absolut herzloser Natur. Der Abzug von Gold aus der Bank of England unter (2) führte "automatisch" zu einer Verringerung der gesamten Geldmenge um das Zehn- bis Zwanzigfache der abgezogenen Goldmenge. Für jeden Schilling oder zwei Schilling Gold, der das Land ersatzlos verließ, wurde 1 Pfund vernichtet, indem die Banken ihre Kreditnehmer willkürlich zur Rückzahlung ihrer Kredite aufforderten - wie wir gesehen haben, ein Ding der Unmöglichkeit. Die Erfindung einer neuen Währung als Schuld gegenüber der emittierenden Bank, die niemals mehr zurückgezahlt werden konnte, weil die Rückzahlung die Währung und die Zahlungsmittel zerstörte, verpfändete das gesamte Reichtum produzierende System der Welt an den Bankier. Von nun an war die Welt in seiner absoluten Macht.

Die Übel des echten Wuchers im Mittelalter, die durch den Mangel an Edelmetallen und die Unzulänglichkeit des Tauschmittels verursacht wurden, schrien laut zum Himmel, um Abhilfe zu schaffen. Aber der echte Wucherer gab wenigstens das ab, was er verlieh und wofür er Zinsen erhielt, während der Bankier dies nicht tut, sondern die Güter und Dienstleistungen des Volkes für das, was er vorgibt zu verleihen und wofür er Zinsen erhält, aufhebt. Es ist schlimm genug, in die Gewalt des Geldverleihers zu geraten, der sein Geld tatsächlich verleiht, aber es ist millionenfach schlimmer, in die Gewalt des angeblichen Geldverleihers zu geraten, der sein eigenes Geld nicht verleiht, sondern es erschafft, um es zu verleihen, und der die Mittel zur Rückzahlung ebenso schnell zerstört, wie es den Schuldnern gelingt, es zurückzuzahlen. Damit wird die Macht über Leben und Tod des Wirtschaftslebens der Nation in die Hände von verantwortungslosen Betrügern gelegt.

Die Mitwisserschaft der Regierung

Dass die Regierung schon immer an dieser Aufhebung ihrer Funktion beteiligt war, zeigte sich am deutlichsten bei Ausbruch des Krieges, als zum ersten Mal in der Geschichte die Drosselklappen der Banken auf die Industrie plötzlich gelockert wurden und dem Wirtschaftssystem erlaubt wurde, alle auf die Produktion zum Zweck der Kriegszerstörung auszuwirken. Die Motoren des Geldsystems wurden still und leise zurückgedreht, bevor der erste Schuss gefallen war. Nationen, die in einen weltweiten Kampf auf Leben und Tod mit anderen Nationen verwickelt sind, können es sich nicht leisten, im Spinnennetz der Bankfinanzierung gelähmt zu bleiben. Dann wurden die Banken angewiesen, unbegrenzt Kredite zur Finanzierung der Rüstungsproduktion zu gewähren, und die Regierung verpflichtete sich, die bekannten "Bradburies" oder National Treasury Notes in den Stückelungen von 1 und 10 Pfund zu drucken und an sie auszugeben, soweit dies zur Erhaltung ihrer Solvenz und des sicheren Verhältnisses von 10 % Bargeld zu Krediten erforderlich war, unabhängig von der Höhe der von ihnen ausgegebenen Kredite. Der erschreckende Preisanstieg wurde natürlich von allen Grammophonen der Stadt auf die Flut des von der Regierung ausgegebenen Papiergeldes zurückgeführt.

Auf diese Weise wurde durch den Druck und die Ausgabe von drei- oder vierhundert Millionen Schatzanweisungen der Gesamtbetrag des Geldes von etwa£ 1.200 Millionen im Jahr 1914 auf etwa 2.700 Millionen Pfund im Jahr 1920 erhöht, also mehr als verdoppelt. Der Warenwert von 1 Pfund fiel auf weniger als die Hälfte dessen, was man vor dem Krieg damit kaufen konnte. Die kriegsbedingte Erhöhung der Staatsverschuldung, etwa£ 8.000 Millionen, wurde zum größten Teil in diesem entwerteten Geld aufgenommen, und wenn das Geld korrekt ausgegeben worden wäre, hätte die Verschuldung *nicht einmal die Hälfte dieser Summe betragen.*

Der Cunliffe-Ausschuss

Aber noch bevor der Krieg zu Ende war, wurden die notwendigen gerissenen Schritte unternommen, um die Nation wieder in das Spinnennetz der Bankfinanzierung zu verstricken. Das berüchtigte Cunliffe-Komitee wurde eingesetzt, um über das Währungssystem der Nation zu beraten, wenn der Frieden wiederhergestellt war. Mit Ausnahme eines akademischen orthodoxen Ökonomen - der wie alle anderen damals noch völlig unkritisch gegenüber der Ehrlichkeit des Bankgewerbes war - bestand er ausschließlich aus den Bankern selbst und aus Beamten des Finanzministeriums, die Hand in Hand mit ihnen arbeiteten. Es ist bezeichnend für die engen Beziehungen zwischen der Regierung und dem Bankgewerbe, dass mehrere Beamte des Finanzministeriums seither die Regierung verlassen haben, um Bankdirektoren zu werden, darunter derjenige, dessen Name die Öffentlichkeit mit der Schatzanweisung in Verbindung brachte. Dem Ausschuss gehörte kein einziger Vertreter der Interessen von Verbrauchern oder Produzenten an, zu deren Nutzen und nicht zum Nutzen des Bankgewerbes oder des Schatzamtes das Geld wirklich existiert. Es war auch kein einziger Währungsreformer vertreten, obwohl Arthur Kitson schon damals seit über zwanzig Jahren die Missstände im Geldsystem der Nation aufgedeckt und die unvermeidlichen Folgen einer erneuten Kontrolle durch die Bankiers richtig vorausgesagt hatte.

Die erste Empfehlung dieses Ausschusses war die baldige Rückkehr zum Goldstandard, die zweite die Abschaffung der nationalen Schatzanweisungen und ihre Ersetzung durch Banknoten. Die beabsichtigte Wirkung der ersten Empfehlung lag durchaus im Rahmen des Verständnisses des gewöhnlichen Börsenhändlers oder Nachlassverwalters, dessen Aufgabe es ist, im Interesse seiner Kunden über diese Angelegenheiten Bescheid zu wissen. Es bedeutete, dass die Staatsverschuldung, die zum überwiegenden Teil in einer entwerteten Währung aufgenommen wurde, hinsichtlich Kapital und Zinsen in Goldgeld im mehr als doppelten Wert zurückgezahlt werden sollte. Die Franzosen wussten das alles, und es ist müßig, so zu tun, als ob die britischen Experten das nicht wüssten. Es wurde als "Korrektur" der Kriegsinflation gerechtfertigt, als alle Vorkriegsgläubiger der Nationen durch die Banken betrogen wurden, indem sie vorgaben, etwa fünfzehnhundert Millionen zur Finanzierung der Produktion zu verleihen, und diese nicht verliehen, sondern geschaffen hatten. Dies wäre niemals geschehen, wenn es sich um echte Kredite gehandelt hätte, die bei Ausbruch des Krieges ohne die geringsten Schwierigkeiten bei der Bevölkerung hätten aufgenommen werden können. Diesen Fehler schlug das Cunliffe-Komitee vor, durch einen zweiten und schlimmeren zu korrigieren, nämlich den allgemeinen Betrug der Schuldner zugunsten der kriegsgeilen Gläubiger, da die Schulden und ihre Zinsen nicht wirklich in Pfund bezahlt werden, sondern in den Waren und Dienstleistungen, die man mit dem Pfund kaufen kann. Aber all dies ist inzwischen allgemein bekannt und unübersehbar.

Deflation

Der Bericht des Cunliffe-Ausschusses wird angenommen, und die Koalitionsregierung von 1920 beginnt mit der Umsetzung des Berichts. Die ruinöse Deflationsphase, N°. (3) des Zyklus, stürzte die ganze Nation in eine wirtschaftliche Lähmung , von der sie sich bis heute kaum erholt hat. Abgesehen von den physischen Zerstörungen und dem Verlust von Leben und Gesundheit unter den eigentlichen Kriegsteilnehmern während des Krieges und den finanziellen Verlusten, die die reine Rentierklasse durch die Inflation erlitt, befand sich das Land bei Friedensschluss in einem Zustand wirtschaftlichen Wohlstands und Wohlergehens durch die vorübergehende Beseitigung des Würgegriffs des Geldes.

In der Presse begann nun die absurdeste Propaganda: In der einen Woche wurde die Öffentlichkeit aufgefordert, mehr zu produzieren und weniger zu konsumieren, in der nächsten, Kurzarbeit zu machen und die Arbeit mit dem Freund zu teilen. Die Banken begannen plötzlich, Kredite zu vergeben, um den Wert des Geldes zu erhöhen und die Preise zu senken, ganz unbeeindruckt von der steigenden Flut von Konkursen und Arbeitslosigkeit. Aber obwohl es ihnen leicht fiel, allgemeinen Ruin und Elend zu produzieren, war es nicht so leicht, die Preise zu senken, denn das Land produzierte und konsumierte mit der kleineren Geldmenge immer weniger zu den alten Preisen, anstatt dasselbe wie zuvor zu entsprechend niedrigeren Preisen.

Der Hauptgrund dafür ist, dass eine Preissenkung eine entsprechende Senkung der Löhne und Gehälter bedeutet, die von den Gewerkschaften wirksam bekämpft wird. Die Schwächeren werden in den Ruin getrieben und verlieren ihren Arbeitsplatz, so dass sie dem Steuerzahler zur Last fallen, während diejenigen, die ihren Arbeitsplatz behalten , entsprechend von jeder erzwungenen Preissenkung profitieren. In der Tat waren die brutalen Methoden des Goldstandards zu hoffnungslos veraltet, um das Preisniveau nach dem Krieg wirksam zu senken. Die Prinzipien des Goldstandards wurden damals von den Wirtschaftsberatern der industriellen Arbeitgeber und der Labour Party ebenso gut verstanden wie von der Finanzhierarchie. Außerdem ist es in einem Zeitalter des Überflusses, wie es die Wissenschaft eingeläutet hat, nicht mehr möglich, die nackte Waffe des Hungers einzusetzen, um widerspenstige Arbeiter auf einen niedrigeren Lebensstandard zu reduzieren, wie es vor einem Jahrhundert der Fall war. Man kann auch nicht erwarten, dass Geschäftsleute produzieren, wenn man ihnen sagt, dass die Preise unter die Herstellungskosten fallen werden, bevor ihr Produkt auf den Markt kommt!

Die Rückkehr zu Gold

Im Jahr 1925 war man jedoch der Ansicht, dass die Deflationspolitik ihr Ziel ausreichend erreicht hatte, um die Wiederherstellung des Goldstandards für die Devisenmärkte zu riskieren. Das Goldstandardgesetz von 1925 ermöglichte den Kauf ganzer Goldbarren mit einem Gewicht von etwa vierhundert Troy-Unzen zum Vorkriegspreis des Goldes. Damit wurde den Importeuren von Waren aus dem Ausland offen eine Prämie gewährt, die sie dazu einlud, unsere Bestände an Gold ( ), die ihnen zu einem weit unter dem Marktpreis liegenden Preis zur Verfügung gestellt wurden, für den Export im Austausch gegen ausländische Waren zu verwenden, die mit denen auf dem heimischen Markt konkurrierten. Die Kosten der einheimischen Produzenten fielen natürlich in der noch immer abgewerteten Landeswährung an, während die Kosten der Ausländer in Goldeinheiten mit viel höherer Kaufkraft bezahlt wurden. Wahrscheinlich war es ein verzweifelter letzter Versuch der Bankiers, den Widerstand gegen ihre Politik der Preissenkung zu brechen, indem sie den heimischen Markt der ausländischen Konkurrenz aussetzten, die mit Geldmitteln unterstützt wurde, aber er konnte nicht lange andauern.

Wahrer blauer Verrat

Die zweite Empfehlung des Cunliffe-Ausschusses wurde durch das Währungs- und Banknotengesetz von 1928 der letzten konservativen Regierung umgesetzt. Diese, wie sich zeigen wird, grundlegende Änderung der britischen Verfassung wurde in keiner Weise zu einer politischen Frage gemacht. Als treue Verfechter des Königs und der Verfassung genehmigte die Regierung in aller Stille und mit einem Minimum an Aufhebens die Einziehung der mit dem Kopf des Königs versehenen Banknoten des nationalen Schatzamtes und ihre Ersetzung durch Banknoten mit dem Zahlungsversprechen der Bank of England. Dieses Versprechen konnte bestenfalls eine sehr geringe Bedeutung haben, aber es wurde völlig unglaubwürdig, als die Koalitionsregierung 1931 den Goldstandard aufhob! Diese Entscheidung war um so überraschender, als der angebliche Grund der Koalitionsregierung darin bestand, eine solche "Katastrophe" zu verhindern. Zumindest war dies der Grund, der während eines Wahlkampfes angegeben wurde, der noch weniger auf Wahrheit und Realität basierte, als es heute üblich ist.

Das Gesetz von 1928

Das Gesetz von 1928, das die Schatzanweisungen als Banknoten "betrachtete", sah vor, dass sie durch eine "treuhänderische" Emission von £ 260 Millionen Bank of England Notes über der Goldreserve ersetzt werden sollten, wobei eine Erhöhung oder Verringerung dieser Emission in

Absprache zwischen der Bank und dem Schatzamt vorgesehen war; sie wurde später um 15 Millionen erhöht, als der Goldstandard 1931 aufgegeben wurde. In diesem Gesetz wird viel über die rein nominale Haftung der Bank für diese Emission und wenig über die Gewinne aus der Emission gesagt, aber es scheint klar zu sein, dass die Nettogewinne, wie zwischen der Bank und dem Schatzamt vereinbart, an die Nation weitergegeben werden. Dies ist die Sprotte, um eine Makrele zu fangen, wie wir im nächsten Kapitel sehen werden, wenn wir uns mit der unmittelbaren Folge befassen. Denn 1932 konnten die Bankinteressen auf der Grundlage der Erhöhung um 15 Millionen Pfund ihren Anteil an den handelbaren Wertpapieren der Nation oder an verzinslichen "Darlehen" um kühle 300 Millionen Pfund erhöhen. Das Gesetz von 1928 markiert einen zweiten grundlegenden Schritt in der Entwicklung des privat emittierten Geldes. Der erste Schritt wurde getan, als die frühen Goldschmiede es für "sicher" hielten, Banknoten oder Versprechen zur Auszahlung von Gold auf Verlangen zu emittieren, die ein Vielfaches des Goldes ausmachten, das sie besaßen. Diese jüngsten raschen Veränderungen haben das eigentliche Problem, um das es geht, sehr geklärt und es möglich gemacht, es der Nation nahe zu bringen, ohne dass die Möglichkeit besteht, dass es falsch dargestellt wird.

Was ist heute echtes Geld?

In diesem Kapitel war es notwendig, die kaleidoskopischen Veränderungen, die das empirische Regelwerk unseres Währungssystems seit Kriegsausbruch durchlaufen hat, im Detail zu erläutern, auch wenn vieles davon dem normalen Leser bekannt ist. Aber diese Geschichte erforderte es, einige der interessanteren und entscheidenden

Überlegungen, die diesen Veränderungen zugrunde liegen, auf das nächste Kapitel zu verschieben. Unter den gegenwärtigen Bedingungen hat Geld nicht mehr die geringste Ähnlichkeit mit dem, was es jemals zuvor war. Alle früheren Vorstellungen von gutem und schlechtem Geld, von echtem Geld, das vom Staat ausgegeben wird, und von privatem Geld, das von Fälschern in Umlauf gebracht wird, von der Pflicht des Staates, die Eigentümer des Geldes davor zu schützen, dass es böswillig manipuliert und sein Wert in Waren entwertet wird, sind jetzt über Bord gegangen. Wir befinden uns in einem Zeitalter der "Geldpolitik", in dem der Wert des Geldes mit den dem Bankgewerbe wohlbekannten Mitteln ständig verändert wird, um es weniger oder mehr wert zu machen und so das Preisniveau zu erhöhen oder zu senken. Seinen Wert zu stabilisieren ist völlig unmöglich, ohne die Vorspiegelungen, auf die sich das Bankensystem gestützt hat, völlig zu zerstören, während sein Wert wieder so stabil wäre, wie er einmal war, wenn man sie abstellen würde. Bei alledem werden die elementarsten Grundsätze der Gerechtigkeit gegenüber den Eigentümern des Geldes nicht beachtet, die dafür wertvolle Güter und Dienstleistungen aufgeben und ein Recht darauf haben, den Wert, den sie aufgegeben haben, wieder zu erhalten.

KAPITEL IV

GELD, WIE ES JETZT IST

MONETÄRE Illusionen

Der Vorteil des Geldes im Gebrauch, der darin besteht, dass alle wirtschaftlichen Werte in einer gemeinsamen Einheit ausgedrückt werden können, ist einer der größten Nachteile, wenn es darum geht, seine wahre Natur zu verstehen. Alle wirtschaftlichen Transaktionen, mit denen der normale Bürger zu tun hat, werden immer zuerst in Geldeinheiten umgerechnet und verbucht. In der Tat werden Geldeinheiten oft ohne jede Einschränkung sowohl für Geld als auch für solche Formen von Eigentum oder Schulden verwendet, die leicht in Geld umgewandelt werden können. Die Definition von Geld in diesem Buch lautet, dass es die Schuld gegenüber dem Eigentümer für einen bestimmten Wert eines marktfähigen Gutes ist, das auf Verlangen in dem Land erhältlich ist, in dem das Geld gesetzliches Zahlungsmittel ist. Weil der normale Bürger niemals eine zustimmende Partei bei dem anfänglichen Tausch ist, durch den Geld überhaupt erst geschaffen wird, hat er seine entscheidende nationale Bedeutung nicht erkannt. Da alle Schulden in Geldeinheiten eingegangen und ausgedrückt werden, verstehen sie nicht die Bedeutung der Schuld-Kredit-Beziehung, durch die das Geld selbst entsteht. Der "Kredit der Nation" ist nicht nur ihre Macht, sich bei ihren einzelnen Bürgern für Geld zu verschulden, sondern umfasst auch ihre Macht , sich bei ihren einzelnen Bürgern für tatsächliche Waren und Dienstleistungen zu verschulden - wodurch das Geld selbst entsteht. Die Tatsache, dass die Schulden, die die Nation den Bürgern schuldet, in Waren und Dienstleistungen und nicht in Geld bestehen, ändert nichts an der Bedeutung der Transaktion. Es scheint nur so zu sein, weil die Verkäufer, die neues Geld für aufgegebenen Reichtum erhalten, sich als bezahlt betrachten, während sie nicht bezahlt werden, sondern Schulden haben.

Alles Geld, das die einzelnen Bürger der Nation im Tausch gegen die Wertpapiere der Staatsverschuldung überlassen, gehört selbstverständlich der Nation, die die Schulden macht, während die Waren und Dienstleistungen, die sie im Tausch gegen das von den Banken geschaffene Papier- und Kreditgeld überlassen, von unserem Geldsystem bis zum Gesetz von 1928 als dem Emittenten des Geldes zugehörig verbucht wurden. Das Erstaunliche daran ist, dass man vergeblich nach einem Gesetz suchen würde, das diese Verbuchung für den größten Teil, nämlich den als Bankkredit ausgegebenen, sanktioniert.

Eine Unterscheidung ohne Unterschied

Natürlich wird man einwenden, dass die Banken kein dauerhaftes Eigentum an dem von ihnen emittierten Geld beanspruchen und dies auch nie getan haben. Aber in der praktischen Ökonomie gibt es in diesem Zusammenhang keine wichtige Unterscheidung mehr zwischen einer Geldsumme und dem Ertrag, den sie abwirft. Der Eigentümer eines Staatsschuldtitels ist in Wirklichkeit der Eigentümer der jährlichen Erträge, die er abwirft. Wenn dieser£ 100 pro Jahr beträgt und die Zinsen vier Prozent betragen, ist er eintauschbar in für etwa 2.500 Pfund, bei fünf Prozent für 2.000 Pfund und so weiter. Über die jährlichen Erträge dauerhaft zu verfügen, ist in der Praxis dasselbe, wie Eigentümer des Kapitals zu sein. So verhält es sich auch mit den etwa 2.000 Millionen Pfund, die durch Bankkredite geschaffen wurden, die den Banken bei einem Bankzins von fünf Prozent einen jährlichen Ertrag von 100 Millionen Pfund pro Jahr einbringen. Davon profitieren sie, seit sie das Geld emittiert haben, und sie zeigen noch immer keine Bereitschaft, es freiwillig an die Nation abzugeben. Es ist daher eine Spitzfindigkeit zu behaupten, dass sie nicht Eigentümer des von ihnen geschaffenen Geldes sind. Wenn es durch staatliches Geld ersetzt würde, könnte der Staat auch wählen, ob er die Kapitalsumme erhält oder sie verleiht und die Zinsen daraus bezieht - ob er damit 2.000 Millionen Pfund neue Ausgaben tätigt oder ob er diese Summe von der Staatsschuld abzieht und dem Steuerzahler 100 Millionen Pfund pro Jahr erspart. Dies sind nur zwei von vielen ähnlichen Möglichkeiten, wie die Nation reicher wäre, wenn sie die Güter und Dienstleistungen, die von ihren Bürgern für Geld aufgegeben werden, als Eigentum der Nation und nicht der Banken verbuchen würde.

Um eine solche Situation, wie sie jetzt besteht, zu beenden, ist alles, was erforderlich ist, dass die Öffentlichkeit das Geld nicht, wie es so eifrig gelehrt wurde, vom Standpunkt des Emittenten aus betrachtet, der Waren und Dienstleistungen dafür *kostenlos* erhält, sondern vom Standpunkt des Nutzers, der sie erst für Geld aufgeben muss, bevor er sie wieder bekommen kann. Die Buchführung muss eine Stufe früher beginnen als Geld, um die Transaktion zu erfassen, durch die das Geld entstanden ist. Wenn dies geschieht, kann die Behauptung der Banken, dass sie ihren eigenen Kredit und nicht den der Gemeinschaft nutzen, nicht begründet werden. Es ist wahr, dass die frühen Banker dachten, dass sie das taten, und zweifellos taten sie das ursprünglich, als sie einen Teil des Goldes ihrer Einleger verliehen. Zu jener Zeit war der Kredit der Goldschmiede höher als der der Regierung, die es für angebracht hielt, sich im Bedarfsfall die Goldvorräte der Kaufleute im Tower ohne die formale Zustimmung der Eigentümer anzueignen, was letztere dazu veranlasste, eine sicherere "Bank" zu suchen.

Das ureigene Interesse an der Geldschöpfung

Als sie jedoch begannen, nicht mehr Gold, sondern Goldversprechen oder später, im Rahmen des Schecksystems, Schecks zu verleihen, die Forderungen an die Bank gegen Geld darstellen, begannen die Banken, sich einen Kredit anzueignen, der nicht ihnen gehörte, sondern der Gemeinschaft, die die entsprechenden Güter und Dienstleistungen an diejenigen abgeben musste, denen die Banken den "Kredit" in erster Linie gewährten. Nun schließt sich der Kreis. Die Erfindung des Kreditgeldes ermöglichte es dem Bankgewerbe, sich jenen Teil des Kredits der Gemeinschaft anzueignen, der als virtueller Reichtum bezeichnet wurde, und dies, da es die Macht beinhaltet, Geld aus dem Nichts zu schaffen, konnte nicht umhin, sich als ein außerordentlich profitables Geschäft zu erweisen, das jetzt zu einem gigantischen Besitzstand geworden ist.

Die Autoren, die sich mit Geld aus der Sicht der konventionellen oder emittierenden Banken befassen, argumentieren heute beispielsweise, dass die Banken in Zeiten wirtschaftlicher Depression, in denen niemand ihr Geld um jeden Preis leihen will und sie mehr "Bargeld" haben, als es der zehnprozentigen Sicherheitsquote für ihre gesamten Einlagen entspricht, im Recht sind, wenn sie mit dem von ihnen emittierten Geld Eigentum der Öffentlichkeit kaufen, eine Transaktion, die sich kaum von den Operationen der Geldfälscher unterscheidet. Dies wird als "Offenmarktgeschäfte" bezeichnet, und getreu der Bankenphraseologie wird diese Methode des Erwerbs wertvoller marktfähiger Wertpapiere der Nation durch die Ausgabe neuen Geldes technisch gesehen immer noch als "Kredit" und nicht als Diebstahl bezeichnet.

Offenmarktgeschäfte

Wenn ein normaler Bürger Wertpapiere kauft, verringert sich sein Geldbestand, aber beim Bankier ist es genau umgekehrt. Er erhöht die Menge des von ihm emittierten Geldes durch Käufe ebenso wie durch Kredite. Er vernichtet es wieder, indem er es verkauft, genauso wie er einen Kredit einfordert. Um dies dem normalen Bürger verständlich zu machen, muss er es so sehen. Das Bankensystem ist heute ein Unternehmen, das ein Eigeninteresse an der Ausgabe von etwa neunmal so viel Geld hat, wie es "Bargeld" hält, und wenn kreditwürdige Kreditnehmer sich noch nicht ausreichend von der Deflationsfalle erholt haben und nicht in der Lage oder nicht willens sind, diese Ausgabe von ihnen zu leihen, dann sind die Banken in ihrem Recht, für sich selbst auf dem offenen Markt ertragsbringende Investitionen zu kaufen und dafür mit ihren eigenen Schecks zu bezahlen. Diese zahlen die Verkäufer in ihre jeweiligen Banken ein und schaffen dort Einlagen, bis das sichere Verhältnis von Bargeld zu Einlagen erreicht ist.

Bargeld (!)

Was aber ist nun "Bargeld"? Im Bankenjargon ist "Bargeld" gesetzliches Zahlungsmittel plus Guthaben bei der Bank of England. Schauen wir uns an, wie das 1932 funktionierte, kurz nachdem wir den Goldstandard aufgegeben hatten und die "Geldpolitik" darauf ausgerichtet war, die Preise zu erhöhen und den Wert des Geldes von jedermann in Waren zu verringern, wodurch ein Teil der Schulden der Nation in Waren und Dienstleistungen an die Besitzer des Geldes zurückgewiesen wurde. Es begann damit, dass das Finanzministerium mit der Bank of England eine Vereinbarung traf und sie ermächtigte,£ 15 Millionen weitere ihrer Promise to Pay-Noten im Rahmen des Gesetzes von 1928 auszugeben. Der Nettogewinn aus dieser Emission, wie hoch er auch immer gewesen sein mag, wurde vermutlich an das Schatzamt gezahlt, und in diesem Umfang profitierte der Steuerzahler. Dann erhöhte die Bank of England ihre "Kredite" (Bankensprache), indem sie für sich selbst 32 Millionen Pfund an marktfähigen Wertpapieren von der Nation erwarb, und kam in den Genuss der Zinseinnahmen, die sie erbrachten, indem sie sie mit Schecks bezahlte. Ob die alte Dame, die ihr Konto überzog und dem Bankier einen Scheck über den Betrag schickte, nun eine Erfindung ist oder nicht, es besteht nicht der geringste Zweifel daran, dass dies die normale, natürliche und regelmäßige Methode der alten Dame aus der Threadneedle Street war.

Die Verkäufer dieser Wertpapiere zahlten diese Schecks zu gegebener Zeit bei ihren Banken ein, die sie an die Bank of England zurückgaben, wodurch sich ihre Guthaben bei der Bank of England, die als "Bargeld" gelten, um£ 32 Millionen erhöhten. Dieser große Zuwachs an "Bargeld" ermöglichte es ihnen, ihre "Kredite" um etwa 267 Millionen Pfund zu erhöhen, wobei ein großer Teil dieses Zuwachses wahrscheinlich - in der immer noch prekären Lage der kreditwürdigen Kreditnehmer, die sich noch nicht ausreichend von der Deflation erholt hatten - auf "Offenmarktgeschäfte" zurückzuführen ist. So konnten sie zwischen Februar 1932 und Februar 1933 einen Anstieg ihrer "Einlagen" um fast 300 Millionen Pfund verzeichnen. Danach wurde es ziemlich ruinös, in der Schweiz oder in einem anderen Land mit Goldstandard Urlaub zu machen, da der "Wechselkurs" gegen uns war. Zum Zeitpunkt der Abfassung dieses Artikels (1934) ist das Pfund in den Ländern, die noch den Goldstandard haben, etwa 12s wert. Aber die Banken haben im ersten Jahr nach der Abschaffung des Goldstandards etwa 300 Millionen Pfund an einkommensschaffenden Wertpapieren der Nation "erworben" - oder die entsprechenden Einnahmen von ihren Kreditnehmern, sofern es ihnen gelungen ist, das von ihnen ausgegebene neue Geld tatsächlich zu verleihen.

Banken schaffen jetzt Geld, um sich selbst auszugeben

Damit entfällt auch der letzte Rest der Ausrede, dass die Banken mit der "Unterstützung" der Industrie durch fiktive Kredite einen öffentlichen Dienst leisten, denn nachdem sie durch die Deflation und den plötzlichen Rückzug ihrer "Unterstützung" die Industrien der Nation *in Bedrängnis* gebracht haben, um das monetäre Konzert wieder aufzublähen, müssen sie nun, da es niemanden mehr gibt, der "hilft", auf die Hilfe für sich selbst zurückgreifen. Das Bankensystem ist in Wirklichkeit nichts anderes als ein gigantisches Eigeninteresse an der tatsächlichen Ausgabe von neuem Geld mit Methoden, die immer noch das Gesetz umgehen und zuerst die Gläubiger und dann die Schuldner ruinieren. Nach den gewöhnlichen Regeln der kaufmännischen Moral gibt es nicht den geringsten Unterschied zwischen der Schaffung von Geld, um es anderen gegen Zinsen zu leihen, und der Schaffung von Geld, um es selbst auszugeben, und jetzt wird auch in der Bankenmoral kein Unterschied anerkannt. All dies wurde natürlich von der üblichen unehrlichen Propaganda begleitet, die davon ablenken sollte, was vor sich ging. Die Zeitungen wiesen auf die vielen ungenutzten Kreditfazilitäten und die fehlenden Kreditnehmer hin und beschimpften diejenigen, die sich einbildeten, dass Geldmangel irgendetwas mit dem Konjunktureinbruch zu tun haben könnte!

Der Bankier als Steuereintreiber

Der Currency and Bank Notes Act von 1928 hat, wie im letzten Kapitel erwähnt, zweifellos ein neues Prinzip in die britische Verfassung eingeführt, seit das Land den Goldstandard aufgegeben hat. Zuvor war die Ausgabe von Banknoten gesetzlich streng geregelt, aber auf die Gewinne aus der Ausgabe hatte die Nation keinen Anspruch. Solange die Banknoten in Gold konvertierbar waren, haftete der Bankier für die Ausgabe, obwohl er keinerlei Sicherheit für seine Zahlungsfähigkeit bot. Ungeachtet der Tatsache, dass er, durch das Gesetz an der Ausgabe von Banknoten gehindert, begann, Scheckbücher in einem solchen Ausmaß zu verleihen, dass es ihm bald physisch unmöglich wurde , seine Schuldverschreibung zu erfüllen, und dass jeder Versuch, ihn seitens eines kleinen Teils der Öffentlichkeit dazu zu zwingen, die Nation in eine finanzielle Panik gestürzt hätte, hielt der Handelsbrauch, wenn nicht das

Gesetz, immer noch die Fiktion aufrecht, dass der Bankier mit seinem eigenen Kredit handelte und ihn nutzte.

Das Gesetz von 1928, das die Ausgabe von Banknoten durch die Bank of England als Ersatz für die National Treasury Notes erlaubte, sah vor, dass die Gewinne aus der Ausgabe an das Schatzamt abgeführt werden sollten. Wie wir gesehen haben, ist die Ausgabe von Kreditgeld in jeder Form eine Zwangsabgabe oder Steuer auf die Güter und Dienstleistungen der Gemeinschaft, der sich die Gemeinschaft nicht widersetzen oder entziehen kann. Das Parlament allein hat das Recht, Steuern zu genehmigen und zu erheben, und dieses Gesetz ermöglicht es, die gesamte verfassungsrechtliche Lage in Frage zu stellen. Denn was die relativ unbedeutende Ausgabe von Banknoten betrifft. Das Parlament hat seine Befugnisse an die Bank von England delegiert, die in dieser Hinsicht der autorisierte, aber inoffizielle Steuereintreiber der Regierung ist. Es ist nämlich nicht einmal rechtlich möglich, zu behaupten, dass eine Steuer nur dann eine Steuer ist, wenn die Abgabe in Geldmünzen gezahlt wird, und dass eine direkt in Wertgegenständen gezahlte Abgabe keine Steuer ist. Denn das wäre genauso unsinnig wie die Behauptung, dass eine Person , die auf Geld verzichtet, einen Kredit aufbaut, eine Person, die auf Waren und Dienstleistungen gleichen Wertes für Geld verzichtet, aber nicht.

Auch 1928 galt dies noch für alle Bürger, obwohl das Gesetz von 1925 die Konvertierbarkeit von Geld in Gold zugunsten ausländischer Händler eingeschränkt hatte. Diese wurde jedoch 1931 abgeschafft. So wurde durch ein Parlamentsgesetz der Kopf des Königs aus dem Geld der Nation entfernt und an dessen Stelle ein Zahlungsversprechen der Bank gesetzt. Dieses "Zahlungsversprechen" stammt aus der Zeit, als die

Banknote gleichzeitig die Quittung für Gold war, das der Besitzer der Bank freiwillig überließ, und das Versprechen, es auf Verlangen zurückzuzahlen. Indem die "Promise-to-Pay"-Noten der Bank of England anstelle der "National Treasury Notes" zum gesetzlichen Zahlungsmittel werden, wird das Versprechen zu einem Scheinversprechen. Die Banknote ist jetzt nur noch die autorisierte, aber inoffizielle Quittung für eine nationale Steuer, die von der Bank of England im Namen des Schatzamtes eingezogen wird. Das Versprechen der Bank von England kann von jedem als falsch erwiesen werden, der einige dieser £1-Noten zur Bank bringt und sie auffordert, ihr Versprechen einzulösen, im Austausch dafür "Pfund" zu zahlen. Es ist an der Zeit, dass diese lügnerische Legende durch die wahre Legende "Received Value worth £1" ersetzt wird, und es ist an der Zeit, dass diese unheilvolle Übertragung von Steuerbefugnissen auf die Bank of England durch das Parlament in Frage gestellt und rückgängig gemacht wird und dass die Banknote von der zuständigen Behörde des Schatzamtes unterzeichnet wird, wie es bei den ursprünglichen Schatzanweisungen der Fall war.

Die Sprotte zum Makrelenfang

Aber wie bereits angedeutet, geht es hier gar nicht um das eigentliche Problem, nämlich um das Recht der Banken, durch einen buchhalterischen Trick etwa zwanzigmal so viel Geld zu schaffen wie die Menge, für die gesetzliche Zahlungsmittel ausgegeben werden. Solange es physische Zahlungsmittel gibt, ist es nicht möglich, sie auf weniger als Null zu reduzieren. In der Buchhaltung kann diese offensichtliche Einschränkung jedoch umgangen werden, und in Zahlen ist es genauso einfach, in negativen Zahlen zu zählen wie in positiven, und es gibt dann keine feste Zahl wie die Null, von der aus die Zählung beginnt. Die Geldbuchhaltung sollte von der Null des Nicht-Geldes ausgehen. Die reale Geldmenge ist vollkommen eindeutig, denn sie ist, in Geldeinheiten ausgedrückt, der Wert der realen Dinge, die die Gesamtheit der Bürger schuldet und auf Verlangen im Austausch gegen das Geld zu erhalten berechtigt ist. Die Fiktion, dass nur gesetzliche Zahlungsmittel "wirklich" Geld sind, und dass Scheckkonten kein Geld sind, sondern Ansprüche auf Auszahlung von Geld, hat nicht die geringste Auswirkung auf die Menge der Güter, die die Bürger dafür aufgegeben haben und die ihnen auf Verlangen geschuldet werden. Das Schecksystem bewahrt den Nullpunkt des Nicht-Geldes für gesetzliche Zahlungsmittel oder physische Token, dehnt aber die Buchführung auf ein unbestimmtes und ständig wechselndes Ausmaß unterhalb des Nullpunktes in den Bereich der Minusmengen oder der Schulden der Banken für nicht existierendes Geld aus. Wenn man die Banken zwingen würde, Pfund für Pfund nationales Geld gegen ihre Verbindlichkeiten gegenüber den Inhabern von Girokonten zu halten, würde diese betrügerische Buchführung sofort aufhören.

Banken bieten keinerlei Sicherheit

Es ist die seltsamste Perversion der allgemeinen Gerechtigkeit, dass die Kreditnehmer der Banken bei den Banken wertvolle Sicherheiten in Form von Eigentumsrechten an Häusern, Bauernhöfen, Fabriken oder Investitionen hinterlegen müssen, die ausreichen, um den Fall ihres Ausfalls zu decken, während die Banken, die niemandem vertrauen, selbst ihren Einlegern keinerlei Sicherheiten geben. Im einen Fall werden die Banken, wenn es den Gläubigern unmöglich wird, ihre

Schuldverpflichtung zu erfüllen, veräußert und in den Konkurs getrieben. Im anderen Fall wird den Banken ein Moratorium gewährt, und es wird genügend nationales Geld gedruckt, um sie vor dem Ruin zu bewahren. Das Pfund für Pfund Staatsgeld wäre die Sicherheit der Nation für die Zahlungsfähigkeit der Banken und könnte ihnen bei Bedarf gegen eine angemessene Sicherheit in Form von Vermögenswerten der Banken zur Deckung des Kredits ausgegeben werden. Tatsächlich aber würde die bloße Ersetzung des gegenwärtigen betrügerischen privaten Geldsystems durch ein nationales Geld einen derartigen, fast augenblicklichen Anstieg des realen nationalen Wohlstands bewirken, dass es nicht lange dauern würde, bis die Industrie und die Landwirtschaft aus der Verschuldung bei den Banken herauskämen und in der Lage wären, ihr eigenes Kapital zu schaffen und zu akkumulieren, und zwar größtenteils ohne die Hilfe von echten oder fiktiven Krediten.

Das Zeit-Element des Geldes

Die hier dargelegte Philosophie des Geldes, streng wissenschaftlich betrachtet, kann man sagen, dass der Unterschied zwischen Tausch- und Geldsystemen in dem Zeitintervall liegt, das letztere von den ersteren unterscheidet, zwischen dem Verzicht auf eine Art von Eigentum und dessen Rückzahlung durch eine andere. Das Geld kann als eine Zwischenform der Rückzahlung betrachtet werden, aber das trifft den Punkt nicht ganz, der im Wesentlichen eine Frage der Zeit ist. Wenn wir uns in wissenschaftlicher Manier vorstellen, dass das Zeitintervall kontinuierlich auf Null reduziert wird, kommen wir von einem Geldsystem zu einem Tauschsystem, und der Punkt ist, dass dies nicht möglich ist. Wenn wir den Fehler begehen, dies anzunehmen, wäre es dasselbe, wie wenn wir eine Tauschgemeinschaft annehmen würden, in der, sobald eine Ware zum Gebrauch oder Verbrauch bereitsteht, automatisch am selben Ort und zur selben Zeit eine exakt gleichwertige Ware der Art erscheint, die der Produzent im Tausch haben will. Wie wir wissen, gibt es jedoch Überlegungen wie die Zeit der Aussaat und der Ernte bei landwirtschaftlichen Produkten und deren Äquivalente in der industriellen Produktion sowie die Tatsache, dass der Produzent nie genau weiß, wie hoch sein Bedarf in der Zeit dazwischen sein wird. Das Geld überbrückt diese Lücke, weil es die Möglichkeit bietet, sich kontinuierlich mit dem zu versorgen, was für den Gebrauch und den Konsum benötigt wird, unabhängig von der Spontaneität der Produktion oder der gewohnheitsmäßigen Bezahlung (Löhne, Gehälter, Dividenden) für die Teilnahme an der Produktion.

Die Zirkulation des Geldes

Orthodoxe Ökonomen scheinen die technischen und biologischen Prozesse zur Schaffung von Reichtum und die Prinzipien, die seinen Verbrauch und seine Verwendung regeln, zu ignorieren, während sie sich fast ausschließlich mit der völlig untergeordneten Funktion des Austauschs oder Handels beschäftigen, gegen die Ruskin zu seiner Zeit vergeblich wetterte. Hier, so drückte er es aus, "gibt es für jedes Plus ein Minus", wobei eine Tauschpartei lediglich aufgibt, was die andere bekommt. In der so genannten "Quantitätstheorie des Geldes" versuchte man, den Tauschwert des Geldes umgekehrt von seiner "Umlaufmenge" und direkt von seiner "Umlaufgeschwindigkeit" abhängig zu machen. Bei ihren Versuchen, die erste zu bestimmen, stießen sie auf die fast unüberwindliche Schwierigkeit, in einem privat emittierten Geldsystem genau zu wissen, wie viel Geld zu einem bestimmten Zeitpunkt vorhanden ist, geschweige denn, wie viel "im Umlauf" ist, und sie waren in dieser Hinsicht von den Zahlen abhängig, die der Berufsstand der Banker der Öffentlichkeit glauben machen wollte, und folgten zudem in unintelligenter Weise den eigenen Methoden der Banker, um an die Informationen zu gelangen. Diese scheinen, wie noch zu untersuchen sein wird, einen grundlegenden Fehler zu begehen, indem sie Kontokorrentguthaben und Termingelder in einen Topf werfen und den Unterschied zwischen ihnen verwischen. Was den zweiten Punkt betrifft, so scheinen sie die Zeitfaktoren in der Produktion zu ignorieren, deren Überbrückung die Funktion des Geldes ist, und sie schreiben so, als ob die Umlaufgeschwindigkeit des Geldes die Rate der Reichtumsschöpfung bestimmen würde, anstatt dass letztere der wesentliche Faktor ist, dem der Geldumlauf entsprechen *muss*. Die bloße Tatsache, dass Geld den Besitzer wechselt und von einem Moment zum anderen die Identität der Individuen mit Geld und ohne Waren oder mit Waren und ohne Geld ändert - kurz gesagt, der Handel, der alle Börsen-, Immobilien- und andere Transaktionen, die den Austausch von Fertigeigentum beinhalten, in den Begriff einschließt - ist überhaupt keine Zirkulation. Dieser Begriff sollte sich auf die oben genannten Zahlungen für die Teilnahme an der Produktion, die Rückführung des so ausgezahlten Geldes in das Produktionssystem im Austausch gegen das Produkt und seine Passage durch das Produktionssystem bis zu seiner erneuten Auszahlung und die Schließung des Kreises beschränken.

Es ist nicht notwendig, diese alte "Quantitätstheorie" des Geldes weiter zu erörtern, denn es wurde schon genug gesagt, um zu zeigen, dass sie in Wirklichkeit ein Betrug ist. In der Praxis war keiner der beiden Faktoren, die den Tauschwert des Geldes bestimmen sollten, bekannt, sondern nur ihr Produkt, und das war definitionsgemäß einfach die Summe des Geldes, das pro Jahr gegen Waren getauscht wurde, oder "das Handelsvolumen". Dividiert man in diesem Fall die Geldmenge durch die Warenmenge, so erhält man den Durchschnittspreis der Waren oder den Preisindex, eine rein statistische Größe, die von keiner Theorie abhängig ist. Man kann sofort feststellen, dass keine quantitative Theorie über den Wert des Geldes anwendbar ist, wenn die vorhandene Geldmenge willkürlich verändert wird, vielleicht geschaffen, um an der Börse mit Margen zu spielen, vielleicht zu diesem Zweck aus der Produktion genommen, vielleicht aber auch nicht. Das ist so, als würde man eine Reihe von statistischen Zahlen über einen Zeitraum ernst nehmen, in dem die Recheneinheiten nie von einem Moment auf den anderen dieselben waren, oder eine Reihe von Messungen, bei denen jemand willkürlich die Kalibrierung der Messinstrumente verändert hat, so dass sie immer falsch angezeigt wurden.

Der Wert des Geldes oder das Preisniveau

Wenn man das Geld in erster Linie als Kredit betrachtet, ist die Geldmenge einfach die Menge an Gütern und Dienstleistungen, die seinen Besitzern gutgeschrieben wird, auf die sie freiwillig verzichten, und die wir den virtuellen Reichtum der Gemeinschaft nennen. Sie ist selbst eine Menge, keine Rate wie das Handelsvolumen, und der Tauschwert des Geldes ist, ohne jede Komplikation, der Virtuelle Reichtum geteilt durch die Geldmenge, und der Preisindex oder das Preisniveau ist proportional zum Kehrwert dieser Menge. Der Preisindex oder das

Preisniveau ist proportional zum Kehrwert dieses Wertes. Er kann sich nur ändern, wenn (1) mehr oder weniger Geld vorhanden ist oder (2) wenn die Gemeinschaft, d.h. die Gesamtheit der einzelnen Mitglieder, sich dafür entscheidet, auf weniger oder mehr Güter zu verzichten oder ihnen mehr Güter gutgeschrieben werden. Die erste ist die physische Menge, die zweite die psychische Menge. Letztere hängt von der Anzahl der Individuen in der Gemeinschaft und von ihren geschäftlichen und häuslichen Gewohnheiten und Sitten ab, die konservativ sind. Wäre die Geldmenge einigermaßen konstant, so wäre es unvorstellbar, dass der virtuelle Reichtum irgendeiner gewaltsamen Veränderung unterworfen werden könnte, es sei denn durch einen weitreichenden natürlichen oder menschlichen Kataklysmus. Wenn sich die Menge des vorhandenen Geldes gewaltsam und plötzlich ändert, hat dies gewaltsame Auswirkungen auf den Lebensstandard und den allgemeinen Wohlstand sowie auf die Menge der Waren und Dienstleistungen, auf die die Menschen verzichten können. Da die Ursache hierfür jedoch rein äußerlich, willkürlich und *vermeidbar* ist, scheint es keinen Grund zu geben, sie zu erörtern und das hier dargelegte einfache Konzept zu sehr auszuarbeiten. Der Zweck dieses Buches besteht vielmehr darin, es auf ein echtes Geldsystem anzuwenden, in dem physische Münzen verwendet werden, deren Menge so reguliert wird, dass das Preisniveau konstant bleibt.

Einige monetäre Faktoren

Aber um den Begriff in eine einfache Beziehung zu dem Zeitintervall zu bringen, das die Funktion des Geldes ist, zwischen dem Verzicht auf eine Art von Eigentum und seiner Rückzahlung durch eine andere zu überbrücken, ist es notwendig, neben der Geldmenge nur das "Handelsvolumen" oder die Gesamtsumme Geldes zu kennen, das im Jahr gegen Waren getauscht wird. Nennen wir dieses£ V und die gesamte Geldmenge£ Q, dann ist Q/V das erforderliche Zeitintervall, d. h. die durchschnittliche Zeit, die jede Geldeinheit gehalten wird, bevor sie ausgegeben wird. Nehmen wir an, dass das Handelsvolumen im definierten Sinne hinreichend genau durch die Menge an Wechseln, Schecks usw. angegeben wird, die jährlich von den Verrechnungsstellen der Banken abgewickelt werden. Dieser betrug im Jahre 1928£ 44.200 Millionen. Die Geldmenge auf den Girokonten dieser Banken belief sich in jenem Jahr auf 1,026 . £. Was diesen Teil des Geldes anbelangt, beträgt der durchschnittliche Zeitraum zwischen den Ausgaben also etwas mehr als ein Vierundvierzigstel eines Jahres oder acht Tage und acht Stunden. Wahrscheinlich gilt so etwas wie diese Zeitspanne für das Geld im Allgemeinen über den gesamten Zyklus von Produktion und Verbrauch. Wie lang sie für jede Hälfte separat ist, kann nur vermutet werden. Die Zeit eines vollständigen Umlaufs ist das Produkt aus diesem durchschnittlichen Intervall und der Anzahl der Umtauschvorgänge in beiden Hälften. Wenn es richtig ist, dass das Volkseinkommen damals etwa 4.000 Millionen Pfund betrug, beträgt die durchschnittliche Anzahl der Umtauschvorgänge in einem vollständigen Umlauf etwa ein Dutzend.

In jedem Fall ist zu beachten, dass es sich bei diesem Intervall um eine abgeleitete oder sekundäre Größe handelt, die an sich nicht so aussagekräftig ist wie das grundlegende Konzept des virtuellen Reichtums. Letzterer wird durch die vorhandene Geldmenge geteilt durch den Preisindex gemessen, und dieser wiederum, geteilt durch die Bevölkerung, ergibt die durchschnittliche Menge an

Reichtum (in Geldeinheiten, reduziert auf das als Standard angenommene Preisniveau), auf die jeder Einzelne der Gemeinschaft freiwillig lieber verzichtet, um Geld zu besitzen. Nimmt man den Wert des Geldes im Jahr 1914 als Standard (Preisniveau = 100), so war es in jenem Jahr etwas mehr als 20 Pfund wert, und die Menge an Waren und Dienstleistungen, die dies repräsentiert, schwankt wahrscheinlich vergleichsweise wenig, wie sehr der Preisindex auch schwanken mag.

Diese Zahlen sind zwar nur als grobe Anhaltspunkte für die Größenordnung der betreffenden Mengen zu verstehen, entsprechen aber in etwa dem, was man auch aus anderen Überlegungen hätte vermuten können.

Eine Getreidewährung

Der Mensch lebt nicht vom Brot allein, auch nicht im ökonomischen Sinne, aber nehmen wir der Einfachheit halber an, er tue es, und betrachten wir eine in sich geschlossene Gemeinschaft, die ihr eigenes Getreide produziert und konsumiert, das beispielsweise im September geerntet wird, und bezeichnen wir die Ernte als H im Wert von Geldeinheiten mit konstanter Kaufkraft. Vernachlässigt man dann die Komplikation der relativ kleinen Getreidemenge, die immer für die Aussaat des nächsten Jahres reserviert werden muss, und geht man von einem gleichmäßigen Verbrauch aus, so muss die stets vorhandene Getreidemenge mindestens FH betragen, wobei F der Anteil des Jahres ist, der bis zur Ernte noch verbleibt. F ist also o kurz vor und 1 kurz nach der Ernte, im März $\frac{1}{2}$ im Juni $\frac{1}{4}$ und so weiter. Nehmen wir nun ein einfaches Geldsystem zur Verteilung dieser Ernte an, bei dem die Regierung H Geldeinheiten ausgibt, um sie im September zu kaufen, und sie im Laufe des Jahres wieder verkauft. Dann hat die Gemeinschaft kurz vor der Ernte kein Geld und kein Getreide, kurz nach der Ernte H Getreide und kein Geld, und kurz nach dem Verkauf H Geld und kein Getreide. Dies veranschaulicht gut den spasmodischen Charakter der Produktion, den zu überbrücken eine der Funktionen des Geldes ist. Im März hat die Regierung $\frac{1}{2}$ H sowohl Geld als auch Getreide, und die Gemeinschaft $\frac{1}{2}$ H Geld, im Juni hat die Regierung $\frac{3}{4}$ H Geld und $\frac{1}{4}$ H Getreide, und die Gemeinschaft $\frac{1}{4}$ H Geld, und so weiter, wobei die Geldmenge in den Taschen der Gemeinschaft immer dem Wert des Getreidevorrats in der Kornkammer der Regierung entspricht. Beachten Sie insbesondere, dass die Regierung nur *einmal* H Geldeinheiten *ausgeben* muss, nicht bei jeder Ernte!

Es ist interessant, dass es in Lettland ein ähnliches einfaches System für die Verteilung des Getreides gibt, wobei die Ausgabe von 104 Millionen Lats (1 Lat = 1 Schweizer Franken, jetzt etwa fünfzehn zum Pfund) und das andere Geld etwa sechsunddreißig Millionen Papier- und Münzgeld und siebenundfünfzig Millionen "Bankkredit", mit einer Goldbasis von sechsundvierzig Millionen, in Lats sind. Das ist unendlich viel besser, als wenn die Regierung kein Geld ausgibt und die Erzeuger vor der Ernte immer für einen Teil, wenn nicht für die gesamte Ernte verschuldet sind, die, wenn sie geerntet wird, ihre Schulden zurückzahlt und sie während der gesamten oder eines Teils der Zeit vor der nächsten Ernte wieder in Schulden zurücklässt. Die wesentliche physikalische Tatsache ist, dass es immer FH an Getreide geben muss, oder die Gemeinschaft wird vor der nächsten Ernte knapp oder verhungert, und diese

Tatsache wird durch die Bankfinanzierung nicht verändert, deren einziger sozialer Zweck es ist, die Produzenten von Reichtum in Schulden zu halten, um sicherzustellen, dass sie hart arbeiten, um sie zurückzuzahlen und nicht nachlassen. Das mag eine wirtschaftliche Notwendigkeit sein oder auch nicht, aber wenn es so ist, dann sollten sie sich selbst verschulden, und *das* ist es, was Geld wirklich ist und was es bewirkt, egal wer es ausgibt.

Sparen bei der Verwendung von Geld
Geldverwendung jetzt falsch

Es ist eine Ironie der Situation, dass die Methoden, die der alte Bankier erfunden hat, um "bei der Verwendung von Gold für die Währung zu sparen", indem er Geld ohne Gold schuf, nun vom Staat verwendet werden sollen, um den Bedarf des Bankiers (im modernen Sinne des Münzprägers) zu sparen, wenn der Staat weiter existieren soll, außer als Nebenverdienst des Münzberufs. Der Gedanke der Einsparung bei der Verwendung der Währung stammt aus der Zeit, als es einer langen und prekären Suche nach den Edelmetallen bedurfte, die im Durchschnitt wahrscheinlich viel mehr kosteten als sie wert waren. Das Gegenteil ist der Fall, wenn wir verstehen, dass Gold- und Silbergeld nur in einer groben und elementaren Form das Prinzip des virtuellen Reichtums verkörpern. Geld ist eine Schuld, die die Gemeinschaft dem Besitzer schuldet. Der Emittent des Geldes verschwindet mit den Gütern und Dienstleistungen, die er durch die Emission umsonst erhält, von der Bildfläche, und so sehr er auch vorgeben mag, für die Emission und die Rückzahlung der Schuld zu haften, die Schuld wird nie und kann nie zurückgezahlt werden, sondern vermehrt sich in einem wissenschaftlichen Zeitalter weiter und zirkuliert durch die Gemeinschaft, indem sie ihre Güter und Dienstleistungen bis in alle Ewigkeit austauscht.

Aus der obigen Illustration können wir noch viel über das Wesen eines jeden Geldsystems lernen. Was den Punkt betrifft, dass in den staatlichen Getreidespeichern immer genau so viel Weizen vorhanden ist, wie Geld in den Taschen der Verbraucher, so haben viele Währungsreformer als selbstverständlichen Satz behauptet, dass immer so viel Geld vorhanden sein muss, wie es Waren und Dienstleistungen gibt, die zum Verkauf anstehen, und wir werden später auf diesen Satz eingehen müssen. Doch zunächst sei bemerkt, dass im Durchschnitt die Hälfte des Getreidegeldes, das von Null nach der Ernte auf H kurz vor der nächsten Ernte ansteigt, immer in den Staatskassen liegt, "müßig und unfruchtbar", wie die alten Bankiers beklagt hätten, aber in Wirklichkeit aus dem einfachen Grund, dass dann kein Getreide im Tausch dafür zu haben ist.

Geldmünzen oder Buchguthaben?

Was nun einen solchen staatlichen Dienst betrifft, so ist es klar, dass die Regierung, anstatt das im Laufe des Jahres zurückgegebene Geld aufzubewahren, es ebenso gut als erhaltenes Geld verbrennen könnte, um das Risiko des Verlustes während der Aufbewahrung zu vermeiden, und jeden Herbst eine neue Partie ausgeben könnte. Oder sie könnte den Erzeugern für ihre Ernte einen Kredit in Höhe von H gewähren und diesen Kredit annullieren, wenn das Getreide von den Erzeugern zurückgekauft wird, was eine neue Buchführung anstelle von Zählern erfordert. Dies bedeutet, dass bei jeder Ernte ein neuer Kredit ausgestellt und im Laufe des Jahres vernichtet wird, anstatt dass ein einziges Mal permanentes Geld ausgegeben wird. In diesem besonderen Fall entspricht die Kreditbuchhaltung sogar noch mehr der physischen Realität als die andere, , da die Kredite immer dem nicht verbrauchten Getreide entsprechen und es kein Geld gibt, das "ungenutzt und unfruchtbar" liegt. Aber es ist absolut wichtig zu beachten, dass, wenn das Getreide nicht in der Tat ein staatliches Monopol wäre, sondern von Großhändlern in der gewöhnlichen Art und Weise des Geschäfts in einer individualistischen Gesellschaft gekauft würde, sie es sich nicht leisten könnten, die Kredite zu stornieren, wenn sie ihr Getreide weiterverkaufen, aus dem einfachen Grund, dass sie nicht die Macht haben, sie bei der nächsten Ernte neu zu schaffen. Das ist nur für eine Regierung möglich, die die Vermarktung durchführt. Für die Banken ist es möglich, weil sie das Vorrecht der Regierungen usurpieren, indem sie die Kredite der Gemeinschaft für die von ihnen aufgegebenen Güter und Dienstleistungen ausgeben und vernichten. Die Usurpatoren verlangen Zinsen dafür, dass sie die Menschen in Schulden bringen, während alle demokratischen Regierungen Geld ausgeben würden, um die Menschen von ihren Schulden zu befreien, wenn sie die elementaren Grundlagen ihres Handels kennen würden.

Diese Bemerkungen mögen auch dazu dienen, die unterschiedlichen Ausgangspunkte zweier Schulen von Währungsreformern zu veranschaulichen: diejenigen, die ein echtes, dauerhaftes, nationales Geld wollen, das vom Staat ausgegeben wird, nachdem der Produktionszuwachs zur Verteilung bereit ist, und zwar ausschließlich nach statistischer Regelung, um das Preisniveau konstant zu halten, ohne irgendeine andere Erlaubnis oder Behinderung; und diejenigen, die eher eine Abänderung und Erweiterung des Systems der Ausgabe von Ad-hoc-Krediten für bestimmte Produktionszwecke anstreben, wobei die Kredite vernichtet werden und bei jeder Runde des Zyklus von Produktion und Konsumtion wieder neu geschaffen werden.

Die Gründe, warum in diesem Buch das erstere System bevorzugt wird, sind zahlreich, aber der Hauptgrund ist, dass ein System, das irgendeine Form von physischen Zählern verwenden muss, so viel weniger leicht zu fälschen ist als ein buchhalterisches. Außerdem gibt es, wie bereits angedeutet, viele einfache Fragen, wie z.b. die richtige Geldmenge für eine gegebene Produktions- und Konsumtionsrate, die nicht wirklich eindeutig beantwortet werden können, und bei denen es in der Tat das Ziel des gegenwärtigen Systems zu sein scheint, sie unbeantwortbar zu machen, solange man nicht zu einem solchen offenen und unbedenklichen System zurückkehrt und die volle statistische Erfahrung damit bekannt gemacht hat. Der Mensch lebt nicht vom Brot allein, auch nicht im ökonomischen Sinne, und zumindest in den modernen Industriegesellschaften, aber auch in zunehmendem Maße in der modernisierten Landwirtschaft, gibt es während des ganzen Jahres, über den gesamten Produktions- und Konsumzyklus hinweg, einen ziemlich konstanten Fluss von Zahlungen für Rohstoffe, Zwischenprodukte und Dienstleistungen in der Produktion, die durch gleiche Zahlungen für die Endprodukte oder für Reinvestitionen ausgeglichen werden. Auch wenn die Produktion wie in der Abbildung sporadisch ist, leben die Menschen nicht von Anfällen und Anfängen. Während in den Anfangstagen des Kreditgeldes eine seiner Funktionen darin bestand, die Steigerung der Produktion zu erleichtern, ist es jetzt umgekehrt, und das Problem besteht darin, all das zu verteilen, was die Menschen bereits zu produzieren imstande sind. Gerade unter diesen Umständen scheint es keinen Grund zu geben, warum Geld nicht dauerhaft und physisch sein sollte, um das Risiko einer unehrlichen Buchführung zu vermeiden, die so leicht auftreten kann, wenn Geld ständig vernichtet und neu geschaffen wird.

Sollte der Geldverleih jetzt erlaubt werden?

Der nächste interessante Punkt ist, dass die Regierung, wenn sie das Geld zurückerhält, es zwar nicht zum Kauf von Getreide verwenden kann, weil es dann kein Getreide zu kaufen gibt, dass aber nichts den Erzeuger daran hindert, wenn er das Geld bei der Ernte erhält, einen Teil davon gegen Zinsen für einen Teil des Jahres an jemand anderen zu verleihen, der keinen Kredit aufnehmen würde, wenn er nicht den Wunsch hätte, es auszugeben. Beschränkt man die Betrachtung noch auf Geld, das in einer geschlossenen Gemeinschaft zum Zwecke der Vermarktung einer einzigen Ware, des Getreides, ausgegeben wird, so ist es ebenso klar, dass der Kreditnehmer nur das Getreide kaufen kann, das der Kreditgeber später im Jahr selbst benötigt, und wenn der Kreditnehmer es verbraucht, damit es nicht "ungenutzt im Kornspeicher liegt", kann der Kreditgeber es nicht zurückbekommen, wenn er es braucht. All diese einfachen Überlegungen können dazu dienen, die umfassende Frage nach der Physik, wenn nicht gar der Ethik, des Geldverleihs im Allgemeinen aufzuwerfen, im Gegensatz zu echten Investitionen, bei denen der Investor sein Geld ausgibt und es nur zurückbekommen kann, wenn er jemanden findet, der bereit ist, seine Investition von ihm zu kaufen. Es gibt eine wachsende soziologische Denkschule, die an die besten Traditionen des Mittelalters anknüpft und sich gegen den Geldverleih als solchen wendet, bei dem der Kreditgeber kein Risiko eingeht, so wie er es tut, wenn er sein Geld in ein echtes Unternehmen steckt, mit dessen

Erfolg oder Misserfolg sein eigenes Vermögen verknüpft ist.

Je mehr man darüber nachdenkt, desto mehr scheint es, als ob selbst der reine Geldverleih, so notwendig es auch sein mag, ihn im Übergangsstadium zur neuen Zeit zu bewahren, um allzu große und plötzliche Eingriffe in die kaufmännischen Gewohnheiten und Ideen zu vermeiden, schon jetzt unter einem richtig funktionierenden reinen Kreditgeldsystem eine rückläufige Redundanz wäre, die mit einer Hand rückgängig macht, was mit der anderen getan wird. Geld ist selbst eine Schuld von Gütern und Dienstleistungen, und abgesehen von der Frage der Sicherung bestimmter Zwecke - etwa um einem außergewöhnlich unternehmungslustigen und fähigen Individuum zu ermöglichen, schneller zu Gelegenheiten gesellschaftlicher Nützlichkeit zu gelangen - bedeutet das Verleihen von Geld lediglich die Schaffung einer neuen privaten Geldschuld zwischen Individuen, die, wenn die physischen Umstände die Schaffung der neuen Schuld rechtfertigen würden, eher durch die Ausgabe neuen Geldes erfüllt werden müsste. Denn niemand leiht sich Geld, um es zu horten, sondern nur, um konsumieren zu können, in der Regel natürlich zu dem Zweck, neuen Reichtum zu produzieren, der erst zu einem späteren Zeitpunkt zum Konsum oder zur Verwendung bereitsteht. Eine Geldschuld nimmt also in der Regel genau so viel fertigen Reichtum aus dem Markt, als wenn der Eigentümer sein Geld selbst ausgegeben und das Gekaufte konsumiert hätte, während es ihm aufgrund der vorherrschenden Laxheit in diesen Dingen freisteht, den Kredit einzufordern und das bereits vom Kreditnehmer Konsumierte erneut zu konsumieren.

Physische Absurdität der kurzfristigen Kreditvergabe

Was auch immer man von Gelddarlehen für bestimmte lange Zeiträume halten mag, die die Reproduktion des Reichtums abdecken, den der Darlehensnehmer konsumiert, wenn er in der Lage ist, den Reichtum dem System zurückzugeben, bevor der ursprüngliche Eigentümer des Geldes sein Geld zurückerhält und es wieder aus dem System herausnehmen kann, die Praxis des Gelddarlehens auf Abruf oder kurzfristig ist physikalisch idiotisch und sollte eingestellt werden. Es handelt sich lediglich um eine mathematische und nicht um eine physikalische Möglichkeit, die sich aus der variablen Minusmenge ergibt, aus der die Geldmenge heute berechnet wird, was die Verwendung physikalischer Zähler unmöglich machen würde. Denn dann wäre es für den Eigentümer nicht mehr möglich, sein Geld wiederzuerlangen, ohne dass ein anderer es hergibt, wie es jetzt der Fall ist. Die Rückzahlungen müssen unter solchen Umständen die neuen Kreditvergaben ausgleichen, während es nicht zu viel gesagt ist, dass der eigentliche Zweck des bestehenden Systems darin besteht, dieser vom gesunden Menschenverstand auferlegten Beschränkung zu entgehen.

Girokonten und Festgeldkonten

Dies mag dazu dienen, den im letzten Kapitel aufgeschobenen Hinweis auf den wesentlichen Unterschied in der korrekten Buchführung zwischen Kontokorrentkonten und Termineinlagen, die im Bankensystem üblicherweise in einen Topf geworfen werden, wieder aufzugreifen. Die Summe der beiden, oder "Gesamteinlagen", stellt das Geld dar, das die Bank ihren Einlegern auf Abruf oder kurzfristig schuldet. Wenn ein Kunde Geld von einem Termingeldkonto auf ein Girokonto überweist, ändert dies nichts am Verhältnis von "Bargeld" zu Guthaben, und es scheint, dass einige der schlimmsten Verfälschungen des Geldsystems aus diesem völlig ungerechtfertigten lockeren Verfahren resultieren. Obwohl ein Festgeldkonto nominell nur bei fristgerechter Kündigung vom Eigentümer zurückgefordert werden kann, wird in der Regel nicht einmal auf die vereinbarte Frist geachtet. Schlimmstenfalls berechnet die Bank lediglich einen "Abschlag" für die Rückzahlung des Geldes ohne Kündigung, es sei denn, sie ist selbst in Schwierigkeiten.

Wenn ein Einleger von der Bank Zinsen auf seine Einlage erhält, zahlt die Bank diese natürlich nur, weil sie selbst das Geld an einen Schuldner verliehen hat, vermutlich zu einem höheren Zinssatz. Das Geld ist genauso wenig im Besitz der Bank, wie das Gold der Einleger im Tresor des Goldschmieds lag, als dieser es gegen Zinsen verlieh. Definiert man Geld als die Schuld an Waren und Dienstleistungen, die dem Eigentümer des Geldes auf Verlangen geschuldet wird, so darf man, um die Gesamtmenge des vorhandenen Geldes zu ermitteln, nicht das Geld auf den Girokonten und die Festgelder zusammenzählen, sondern nur das erstere. Das Geld auf dem Festgeldkonto ist von der Bank verliehen worden, die dem Eigentümer dafür Zinsen zahlt, und es befindet sich entweder auf dem Girokonto oder auf dem Festgeldkonto eines anderen.

Wenn letzteres der Fall ist, gilt für das neue Geld dieselbe Überlegung wie für das ursprüngliche Festgeld. Das heißt, um die gesamte Geldmenge zu ermitteln, müssen nur die

Girokonten berücksichtigt werden. Dies setzt, wie bei dieser Art von grober Berechnung üblich, voraus, dass sich das Geld außerhalb des Bankensystems, das sich in den Händen des Publikums in Form von physischen Münzen befindet, nicht verändert, aber es ist auf jeden Fall ein zu kleiner Anteil des Ganzen, um die Schlussfolgerung ernsthaft zu entkräften.

Wie der Banker seine eigene Falle vermeidet

Es scheint wahrscheinlich, dass die wirklich erschreckende Geldvernichtung, die seit Beginn der Deflationspolitik des Cunliffe-Ausschusses im Gange ist, durch diese Methode verschleiert wird. Durch die Zusammenlegung der beiden Arten von Geld erscheinen die "Einlagen", die allein in den Bilanzen der Banken aufgeführt sind, nicht sehr vermindert. Zwar sind in letzter Zeit Zahlen veröffentlicht worden, die den Anschein erwecken, dass sich das Verhältnis zwischen Girokonten und Termingeldern seit 1919 nur von damals 2 zu 1 auf heute 1 zu 1 verändert hat. Aber sie scheinen gefälscht zu sein. Soweit sich ihre Quelle zurückverfolgen lässt, scheinen sie aus einer im Bericht des Macmillan-Ausschusses veröffentlichten Tabelle zu stammen. Der Statistiker H. W. Macrosty beklagte sich 1922 darüber, dass diese wichtigen Zahlen vom britischen Bankensystem nicht veröffentlicht wurden, und er schätzte das Verhältnis damals auf 5 zu 1 für die achthundert wichtigsten Banken des Federal Bank System der Vereinigten Staaten.

Wie dem auch sei, es scheint, dass das derzeitige Verhältnis von 1 zu 1 das niedrigste ist, auf das man es bringen kann. Denn die Banken wagen es nicht, das ihnen von ihren Einlegern tatsächlich geliehene Geld zu vernichten, sonst würden sie selbst in die Falle geraten, in der sich diejenigen befinden, denen sie Geld geliehen haben. Diese "Termingelder" können von ihren Eigentümern kurzfristig eingefordert werden, und bei einem Verhältnis von 1:1 können sie, da das Geld auf den Girokonten das vorhandene Aggregat ergibt, nur durch Überweisung des gesamten Geldes auf den Girokonten der Eigentümer der Termingelder ausgezahlt werden, es sei denn, man schöpft das vernichtete Geld wieder neu. Das durch die Deflation erreichte Verhältnis von 1:1 bedeutet, dass die Banken gerade noch genug Geld übrig gelassen haben, um dieser Verbindlichkeit nachzukommen, und wenn diese Interpretation der Situation richtig ist, dann scheint es, dass praktisch das gesamte übrige vorhandene Geld in ihren rasenden Bemühungen, "das Land an einem Kreuz aus Gold und Schwemme zu kreuzigen", vernichtet worden ist.

KAPITEL V

INTERNATIONALE WIRTSCHAFTSBEZIEHUNGEN

BAD Money verwickelt die Nationen

Das gewachsene System hätte nicht so lange überleben und sich so lange als das Gegenteil von dem tarnen können, was es in Wirklichkeit ist, wenn nicht die internationalen Wirtschaftstransaktionen die Probleme kompliziert gemacht hätten. Vom Standpunkt einer einzelnen, in sich geschlossenen Gemeinschaft aus betrachtet, beinhaltet der Goldstandard einen fast selbstverständlichen Widerspruch. Es handelt sich um ein System, in dem der Wert des Geldes in Bezug auf das Gold konstant gehalten werden sollte und in dem die Art und Weise der Ausgabe neuen Geldes so beschaffen war, dass sie den Wert des übrigen Geldes zwangsläufig proportional verringert. Denn da nicht mehr Waren und Dienstleistungen zum Verkauf stehen als vor der Emission, wird das, was zum Verkauf steht, auf mehr Geldeinheiten verteilt, so dass jede proportional weniger wert wird, und die neue Emission verwässert lediglich den Wert der alten. In der Praxis löste sich dieser grundlegende Widerspruch in zwei Teile oder Phasen auf - die inflationäre Periode, in der das Preisniveau durch Neuemissionen nach oben getrieben wurde, und die deflationäre Periode, in der es durch die Geldvernichtung wieder nach unten gedrückt wurde. Das Zwischenstadium, der Abfluss von Gold aus dem Land als die eine Art von Ware, die willkürlich daran gehindert wird, im Preis zu steigen, wodurch das Verhältnis von Bargeld zu Krediten reduziert wird, ist das Stadium, das in den internationalen Aspekt des Geldes bringt. Schlechtes Geld im Inland verwickelt die Angelegenheiten der Nation im Ausland.

Internationales Bankwesen

Als die unvermeidliche Ungereimtheit, die ihrem System zugrunde lag, dem Bankgewerbe in den verschiedenen Ländern bekannt wurde, entwickelte sich ein entsprechendes internationales Bankensystem, das mit den internen Bankensystemen Hand in Hand arbeitete, zum gegenseitigen Nutzen und zur Sicherheit beider. Auf diese Weise dehnten sie den Bereich ihrer Geschäfte auf die gesamte zivilisierte Welt aus und machten es ihnen viel leichter, sich der Entdeckung und Bestrafung zu entziehen. Während das interne Bankwesen abwechselnd die Schuldner- und die Gläubigerklasse innerhalb der Gemeinschaft gegeneinander ausspielt und sie in ständigem Streit und Armut hält, spielt das internationale Bankwesen das ärmere Land gegen das reichere aus und ist, indem es das letztere auf das Niveau des ersteren herabsetzt, der eigentliche Akteur, der den aggressiven Nationalismus schürt und aufrechterhält, aus dem internationale Konflikte entstehen. *Das Geld, sagen die Kreditgeber, muss sein eigenes Niveau finden. Auf diese Weise senkt es den Lebensstandard sowohl des Einzelnen als auch der Nationen auf das niedrigste Niveau.*

In der Inflationsphase ist die Ausfuhr von Waren aufgrund der hohen Preise und der reichlich vorhandenen Kaufkraft auf dem heimischen Markt schwierig und unrentabel. Die

Einfuhr von Waren zur Behebung des Mangels an Fertigerzeugnissen, der dadurch entstanden ist, dass sie den Erzeugern *umsonst* überlassen wurden, um sie in die künftige Produktion einfließen zu lassen, wird dagegen durch die hohen Preise auf dem Binnenmarkt und die Möglichkeit begünstigt, durch die Verwendung von Gold aus dem Ausland Waren zum gleichen Preis wie zuvor zu erhalten. In der deflationären Phase ist das Gegenteil der Fall. Die Vernichtung des Geldes und die Inanspruchnahme von Krediten ( ) schränkt die Beschäftigung ein und verringert die Kaufkraft der Bevölkerung, während gleichzeitig eine Fülle von Waren auf den Markt kommt, die sich noch in der Produktion befinden, und es kommt zu einem katastrophalen Preisverfall. Importe aus dem Ausland werden verhindert, und stattdessen werden die Waren, die im Inland durch die Zerstörung des Tauschmittels nicht mehr verkauft werden können, in aller Eile zu den Häfen gebracht, um sie zu jedem Preis ins Ausland zu verschiffen.

Geld auf Abruf und kurzfristig

In der ersten Phase sind die Kredite des Bankiers im Inland gefragt, aber in der zweiten Phase hat er, nachdem er seine internen Kredite eingefordert hat, die Macht, Kredite zu vergeben, und seine Einnahmen in Form von Zinsen versiegen. Genau in diesem Moment entsteht die Nachfrage nach Krediten zur Finanzierung des Exporthandels. In dieser Situation entstand also das Geschäft, den internationalen Bankiers auf Abruf und kurzfristig Geld zu leihen, um die Verschiffung der exportierten und importierten Ladungen zu finanzieren, wobei diese Ladungen als Sicherheit dienen. Es liegt auf der Hand, dass Geld, das für diese Art von Geschäften - im Wesentlichen für den Transport - geschaffen wurde, sehr viel schneller abgerufen und vernichtet werden kann als das Geld, das in der Produktion versenkt wurde. Durch die Aufteilung des Geschäfts in langfristige Kredite und Kredite auf Abruf bzw. kurzfristige Kredite und durch die Erhöhung des Verhältnisses des ersten in der Inflationsperiode und des zweiten in der Deflationsperiode gelang es den internen Bankiers, durch die Ausleihe des virtuellen Reichtums der Gemeinschaft ein konstanteres Einkommen zu erzielen, das sie, was die zweite Quelle betrifft, mit den internationalen Bankiers teilten. Von den Hauptposten einer Bankbilanz beziehen sich auf der Aktivseite die Posten "Sicht- und Kündigungsgelder" und "diskontierte Wechsel" hauptsächlich auf den internationalen Kreditmarkt, "Vorschüsse, Darlehen usw." auf die internen Kredite und "Investitionen" auf das, was die Banken mit dem Geld gekauft haben, das sie sich im Rahmen von Offenmarktgeschäften selbst geschaffen haben.

Wie der internationale Banker die Welt regiert

Indem sie abwechselnd Kredite im Inland gewährten und abzogen und sie im Ausland abzogen und verliehen, spielten sich die internen und internationalen Bankiers gegenseitig in die Hände und hielten die ganze Welt in ständiger Bewegung und die internen Preisniveaus in ständiger Bewegung. Aber in diesem schmutzigen Spiel lernte der internationale Bankier bald, dass er die Peitsche in der Hand hatte, die Situation absolut kontrollieren und die internen Bankiers zwingen konnte, seiner Führung zu folgen. Denn indem er einem Land jederzeit einen Kredit unter Umständen gewährte, die es für dieses Land profitabler machten, den Kredit nicht in Form von Waren, sondern in Gold zu nehmen, um damit in einem dritten Land das zu kaufen, wofür der Kredit eigentlich benötigt wird, konnte er jedem Land nacheinander das Gold entziehen. Auf diese Weise konnte er eine Deflation und einen Preisverfall erzwingen, was dort zu einer lang anhaltenden wirtschaftlichen Depression führte, bis die Arbeiter zu einer bescheideneren und weniger unabhängigen Geisteshaltung gebracht wurden. Der Goldstandard wurde nicht so sehr ein Mittel, um nach der Inflation das Geld aller Länder, die ihn einführten, zurückzudrängen und seinen relativen Tauschwert konstant zu halten, sondern um die Löhne und Preise in allen Ländern auf das Niveau der Ärmsten und Rückständigsten zu drücken.

In diesem Kapitel soll vor allem versucht werden, einige der übermäßig komplizierten Folgen dessen, was euphemistisch als Bankwesen im internationalen Bereich bezeichnet wird, zu verdeutlichen. Aus der Sicht des professionellen Geldverleihers, und nur aus seiner Sicht, ist der Wohlstand ein Fluch. Sein Geschäft ist die Verschuldung, sein Ziel die Schaffung von Reichtum, und seine Vormachtstellung gegenüber den Schöpfern von Reichtum hängt von dem Trick ab, dass seine Kredite fiktiv sind und niemals zurückgezahlt werden können. Nationale Grenzen allein verhindern jetzt seine Weltherrschaft, so dass auch diese fallen müssen.

Geld ist eine nationale und keine internationale Verschuldung

Die erste Überlegung zu internationalen Wirtschaftstransaktionen ist, dass das Geld eines Landes nur in dem Land Bedeutung hat, in dem es gesetzliches Zahlungsmittel ist oder auf Anfrage in ein gesetzliches Zahlungsmittel umgewandelt werden kann, um Schulden zu begleichen. Es ist eine Schuld dieses Landes allein oder eine Forderung auf seine Märkte und nicht auf die eines anderen Landes. Damit das Umtauschverhältnis auf einem bestimmten Wert bleibt, ohne dass Gold von einem Land zum anderen fließt, muss in jedem Land der Wert der Verkäufe des eigenen Geldes für das Geld des anderen Landes immer gleich sein wie der Wert der Verkäufe des Geldes des anderen Landes für das eigene Geld. Wenn also der Wechselkurs zwischen England und Deutschland wie vor dem Krieg etwa zwanzig Mark für das Pfund beträgt, können 100 Pfund nur dann für 2.000 Mark getauscht werden, wenn jemand anderes 2.000 Mark für 100 Pfund tauschen will. Wenn nur 1.800 Mark für 90 Pfund angeboten werden, dann kann die Differenz von 10 Pfund nur durch den Kauf von 200 Mark mit Gold in Mark umgetauscht werden. Andernfalls sind die 1.800 Mark nun£ 100 wert, oder der Wechselkurs fällt von 20 Mark auf 18 Mark pro Pfund.

Die zweite Überlegung bezieht sich auf den Warenaustausch. Damit sich das Devisenverhältnis nicht ändert und kein Gold fließt, muss ein etwaiger Überschuss der Einfuhren gegenüber den Ausfuhren dadurch ausgeglichen werden, dass das Land, das den Überschuss erhält, (1) dafür Schulden hat, d.h. eine neue Schuld gegenüber dem Rest der Welt eingeht, oder (2) bereits Schulden hat und Zinszahlungen oder Kapitalrückzahlungen für Schulden erhält, die der Rest der Welt zuvor bei ihm eingegangen ist. Wenn die Exporte von die Importe ausgleichen (oder wenn dies der Fall sein sollte), werden sie dadurch beglichen, dass der Importeur in jedem der verschiedenen Länder den Exporteur seines Landes in seiner eigenen Währung bezahlt. Ein ausgeklügeltes System von "Wechseln", Wechselmaklern, Akzeptanten, Diskontmärkten usw., das in technischen

Werken über Geld erläutert wird, ermöglicht dies. Die technischen Einzelheiten, die sich eher auf die Mittel beziehen, mit denen dies geschieht, als auf den eigentlichen Zweck, der damit erreicht wird, brauchen uns hier nicht aufzuhalten.

Um die komplizierte Frage des internationalen Wirtschaftsverkehrs zu vereinfachen, werden die beiden Thesen nun ausführlicher diskutiert. Nur außerhalb dieser vereinfachenden Thesen kommt es zu Komplikationen. Beide reduzieren das Problem auf ein einzelnes Land und den Rest der Welt als Ganzes, um die unzähligen Fälle zu vermeiden, die sich ergeben würden, wenn wir alle Länder jeweils paarweise betrachten würden, was natürlich für die tatsächlichen Transaktionen gilt. In der Diskussion geht es darum, die Art von Transaktionen, die keine Auswirkungen auf die Stabilität der Devisenmärkte haben, von denjenigen zu unterscheiden, die sie stören.

Importeure bezahlen Exporteure ihres eigenen Landes

Der zweite Satz wird gewöhnlich als selbstverständlich vorausgesetzt, aber es ist gut, ihn genau zu formulieren. Sie besagt, dass in jedem Land, in dem der Wert seiner Einfuhren durch den Wert seiner Ausfuhren ausgeglichen wird, der Handel mit allen anderen Ländern, für die das Gleiche gilt, in Wirklichkeit ein Tauschgeschäft ist und nicht notwendigerweise einen Austausch der Währungen der Länder beinhaltet. In jedem Land bezahlt der Importeur den Exporteur wirklich in der Währung des jeweiligen Landes. Der einfachste Fall liegt vor, wenn nur zwei Länder betroffen sind, z. B. wenn Großbritannien Heringe in die USA exportiert und die USA den gleichen Wert an

Traktoren nach England exportieren. Wenn der britische Importeur von Traktoren den britischen Exporteur von Heringen und der amerikanische Importeur von Heringen den amerikanischen Exporteur von Traktoren jeweils in ihrer eigenen Währung bezahlt, werden die Konten quadriert.

Der nächst kompliziertere Fall wäre ein Dreiecksverhältnis mit, sagen wir, äquivalenten Werten von Heringen, die von Großbritannien nach Russland exportiert werden, von Platin, das von Russland in die Vereinigten Staaten exportiert wird, und von Traktoren, die von letzteren nach Großbritannien geliefert werden. Wenn wir uns vorstellen, dass jeder Importeur sein eigenes Geld als Bezahlung für die Einfuhr überweist, hätte Großbritannien russisches, Russland amerikanisches und Amerika britisches Geld, um es jeweils gegen sein eigenes einzutauschen. Wenn ein Land, z.B. Großbritannien, die Initiative ergreift und sein russisches Geld im Austausch gegen sein amerikanisches Geld nach Russland schickt, könnte es letzteres im Austausch gegen britisches Geld nach Amerika schicken, und alle wären zufrieden. Das ist es, was im Rahmen des Wechselsystems tatsächlich geschieht. Der Wechsel ist eine Art umgekehrter Scheck, der vom Empfänger des Geldes ausgestellt und vom Zahler indossiert oder akzeptiert wird. Es handelt sich dabei um einen Schuldschein, der genau die gleiche Art von Geld ist wie ein Scheck, wenn er sofort auf Verlangen zahlbar ist (ein "Sichtwechsel"). In der Regel ist er jedoch innerhalb von drei oder sechs Monaten nach Annahme zahlbar. Das "Diskontieren" solcher Wechsel bedeutet, dass jetzt das Geld geschaffen wird, auf das der Wechselakzeptant später bei Fälligkeit verzichten muss. Dies ist ebenso eine Geldschöpfung mit anschließender Vernichtung, wenn der Wechsel von seinem Akzeptanten eingelöst wird, wie ein gewöhnlicher "Bankkredit". Wir befassen uns jedoch nicht mit diesem Aspekt, obwohl er die internationalen Handelsbeziehungen durcheinander bringt.

Die Handelsbilanz

Der vorstehende Satz gilt für eine beliebige Anzahl von Ländern, wie verflochten der Austausch von Waren und Dienstleistungen auch sein mag, solange in jedem Land der Wert der Einfuhren dem Wert der Ausfuhren entspricht. Oder anders ausgedrückt: Der internationale Handel kann nur dann ohne Komplikationen als einfacher Tauschhandel betrieben werden, wenn diese Bedingung gegeben ist. Wenn dies aber der Fall ist, dann ist es klar, dass es keine Importe ohne gleichwertige Exporte geben kann und die Interessen von Exporteuren und Importeuren nicht gegensätzlich sind, sondern gleich sind. Buchstäblich in jedem Land werden die ersten von den zweiten bezahlt. Wenn aber eines der Länder der Gruppe mehr einführt als es ausführt, wenn z.B. Russland mehr Heringe aus Großbritannien einführt, als es an Platin nach Amerika ausführt, dann muss es aus der Gruppe ausgeschlossen werden. Denn in dem Beispielsfall, dass jeder Importeur den Exporteur in seiner eigenen Währung bezahlt, gäbe es in Russland nicht genug amerikanisches Geld, um das russische Geld in Großbritannien umzutauschen. Im einfachsten Fall müssten die Russen das Defizit ausgleichen, indem sie Gold im Austausch für ihr Geld schicken. All dies ist recht einfach zu verstehen, wenn man das Geld als eine Schuld betrachtet, die in dem Land, in dem es legalisiert ist (oder nach Belieben in ein gesetzliches Zahlungsmittel umgewandelt werden kann), auf Verlangen sofort in Waren und Dienstleistungen zurückgezahlt werden kann, außerhalb dieses Landes aber völlig bedeutungslos ist. Das Ganze ist eine Veranschaulichung der Aufhebung der gegenseitigen Verschuldung von Nationen, die das moderne Geld selbst zwischen Individuen einer Nation bewirkt. Das Schecksystem, wie es in einer einzigen Bank funktioniert, ist ein Beispiel für die Beziehungen zwischen den Kunden dieser Bank und, erweitert durch das Clearing House System, für die Beziehungen zwischen allen Kunden aller Banken. In jedem Fall ist nur das unausgewogene Residuum von Bedeutung.

Auswirkungen von Krediten und Rückzahlungen

Der Satz kann erweitert werden, um den Fall von Krediten einzubeziehen, die z.b. von Land A an Land B vergeben und von Land B an Land A zurückgezahlt werden, entweder als Zinsen oder als Kapital. Der Satz ist dann immer noch wahr, wenn in jedem Land die Differenz zwischen den Werten der Exporte und Importe auf Kredite und Kreditservice zurückgeführt werden kann. Erstere erhöhen die Exporte ohne entsprechende Importe und letztere die Importe ohne entsprechende Exporte. Betrachten wir einen Kredit von Land A an Land B. A verschafft B die Macht, *in* A Waren und Dienstleistungen zu kaufen, und wenn B diese Macht ausübt, werden die Exporte von A nach B entsprechend erhöht, ohne dass es zu entsprechenden Importen nach A aus B kommt. Wenn dieser erweiterte Satz auf jede einzelne Nation einer Gruppe von Nationen zutrifft, dann läuft der internationale Verkehr, wie verflochten und vielfältig die Beziehungen zwischen den einzelnen Ländern auch sein mögen, ohne jeden Goldfluss und ohne Störung des Devisenverkehrs ab. Damit soll nicht geleugnet werden, dass diese durch andere Faktoren, wie Touristen und andere, die Geld in andere Länder bringen oder schicken, dennoch stattfinden können. Umgekehrt müssen die Transaktionen eines Landes, sofern sie nicht auf eines der Länder zutreffen, aus der betrachteten Gruppe herausgenommen werden, und seine Konten mit den anderen können nur entweder durch Goldbewegungen, Wechselkursschwankungen oder andere ausgleichende Faktoren ausgeglichen werden. Wenn alle Länder den Goldstandard haben, fließt Gold von den Ländern, deren Einfuhren die Ausfuhren übersteigen, in die Länder, deren Ausfuhren die Einfuhren übersteigen, und zwar in der Weise, wie sie unter für Kredite und Kreditservice berechnet wird. Wenn es keinen Goldstandard gibt, wird der Austausch gegen die ersteren zugunsten der letzteren erfolgen.

Die Auslandsbörsen

Es mag nützlich sein, einen einfachen Fall von letzterem zu betrachten. Angenommen, es wird kein Versuch unternommen, den Austausch zwischen zwei Ländern zu beeinflussen, weder durch Spekulanten oder andere, die fremde Währungen vor ihren eigenen halten, noch durch Zölle und Prämien. Dann *müssen* die Importe und Exporte, abgesehen von denen, die durch Kredite, Kreditservice oder andere direkte Geldimporte oder -exporte bezahlt werden, unabhängig von ihren relativen Beträgen den gleichen Wert haben. Um den ersten Fall wieder aufzugreifen: Der britische Importeur von Traktoren hat Pfund, um dem amerikanischen Exporteur, der Dollar will, zu zahlen, und der amerikanische Importeur von Heringen hat Dollar, um dem britischen Exporteur, der Pfund will, zu zahlen. Das Umtauschverhältnis zwischen Pfund und Dollar bedeutet und wird absolut davon bestimmt, wie viele Dollar für 1 Pfund erhältlich sind. Bevor jemand in England sein Pfund in Dollar umtauschen kann, muss jemand in Amerika Pfund besitzen und stattdessen Dollar haben wollen. Der Geldtausch ist ein reiner Tauschhandel, der für die beiden Geldarten genauso gilt wie für zwei verschiedene Warenarten, und der Tauschkurs ist einfach das Verhältnis zwischen den angebotenen und nachgefragten Mengen der beiden. Der einzige Unterschied besteht darin, dass Geld normalerweise einen Heimkehrerinstinkt hat und jede Art dazu neigt, so schnell wie möglich an den Ort seines Ursprungs zurückzukehren, wo es allein einen Rechtsanspruch auf Reichtum hat und immer und sofort gegen diesen eingetauscht werden kann.

Im internationalen Handel ist es nicht möglich, die Grenze zu überschreiten und eine Schuld für die Waren und Dienstleistungen des einen Landes durch eine Schuld für einen ähnlichen Wert von Waren und Dienstleistungen des anderen Landes zu ersetzen. Die Schulden, d.h. die Gelder, müssen getauscht werden, und bevor jemand fremdes Geld gegen sein eigenes eintauschen kann, muss ein anderer es gleichzeitig haben wollen und die andere Art dafür hergeben. Nur innerhalb der Jurisdiktion eines Landes kann das Bankensystem Geld schaffen wie ein Zauberer, der Kaninchen aus dem Hut zaubert, und es dann wieder vernichten. Man mag unsere Bankiers für besonders fortschrittsfeindlich halten, weil sie noch keine internationale Währung außer Gold geschaffen haben, aber solche Leute sind in der Regel mehr mit ihrer eigenen Bequemlichkeit und ihrer Fähigkeit beschäftigt, von einem Land zum anderen zu reisen, als mit etwas, das so völlig außerhalb ihres Verständnisses liegt wie dieser Aspekt des Geldes. Es wäre nur eine kleine Entschädigung für Amerika, wenn es einem britischen Untertanen auf Verlangen für internationales Geld beispielsweise ein Haus überlassen müsste, weil dieser früher ein Haus in

Großbritannien besaß und es mit einem anderen Briten gegen das Geld getauscht hatte.

Gold-Standard zieht alle Nationen auf das Niveau der niedrigsten

Das vordergründige Ziel einer Reihe von Ländern, die sich zusammenschlossen, um ihre Währungen in Gold konvertierbar zu machen, d.h. den Goldstandard einzuführen, bestand einfach darin, die Buchführung zwischen den Nationen zu erleichtern. Denn wenn, wie im vorangegangenen Beispiel, Russland weniger Platin in die Staaten exportiert, als Großbritannien Heringe nach Russland exportiert hat, wird die Differenz durch eine Goldlieferung von Russland nach Großbritannien ausgeglichen, und die Rechnungen sind beglichen. Aber leider führte die korrekte internationale Buchführung nach dem Goldstandard in der Praxis zusammen mit der völlig falschen Buchführung innerhalb der einzelnen Nationen, wo Geld willkürlich nach Belieben geschaffen und vernichtet wurde, dazu, dass jede Nation ihrerseits frustriert und auf den Lebensstandard der ärmsten und rückständigsten zurückgeworfen wurde. Solange ein Kredit von einem Land an ein anderes ein Kredit für Waren und Dienstleistungen ist und die Rückzahlung ebenfalls in Form von Waren und Dienstleistungen erfolgt, entsteht kein Goldabfluss. Die Bürger des Schuldnerlandes sind befugt, auf die Märkte des Gläubigerlandes einzuzahlen, und die Bürger des Gläubigerlandes auf die des Schuldnerlandes im anderen Fall. Kein Geld überschreitet die Grenze.

Nun liegt es in der Natur der Sache, dass die Länder, die Kredite vergeben, reicher und höher entwickelt sind als die, die Kredite im monetären Sinne aufnehmen. Aber es liegt fast ebenso in der Natur der Sache, wenn wir die Worte reich und arm im ursprünglichen Sinne von Reichtum oder Wohlstand verwenden, dass die Produktionskosten in reichen Ländern tendenziell höher sind als in armen. Zunächst natürlich, wie in der akquisitorischen viktorianischen Epoche, verbilligen wissenschaftliche Produktionsmethoden, indem sie den Arbeiter der direkten Konkurrenz der Maschine aussetzen, diese Kosten. Dies war es, was Großbritannien ermöglichte, die Fabrik der ganzen Welt zu werden. Aber wenn solche Methoden allgemein werden und alle Nationen mit den gleichen arbeitssparenden Anlagen ausgestattet werden, werden die Produktionskosten tendenziell dort am niedrigsten sein, wo die Löhne am niedrigsten sind, d.h. in den Ländern, in denen der Lebensstandard am niedrigsten ist und am wenigsten durch Gewerkschaften und verbessernde Gesetzgebung wie Arbeitslosen- und Krankenversicherungen vor Senkung geschützt ist.

Es bedarf keiner weiteren Überlegungen, um deutlich zu machen, dass die ärmeren Länder zwar von den reicheren Ländern Geld leihen werden, dass es aber für die Kreditnehmer immer vorteilhafter sein wird, Geld statt Waren und Dienstleistungen zu leihen und das Geld in noch ärmeren Ländern auszugeben, wo die Kosten am niedrigsten sind und die Dinge, die sie brauchen, am billigsten sind. Dann entsteht die Dreieckssituation, dass ein Land A einem anderen Land B Geld leiht, das nicht in A, sondern in einem dritten Land C kauft und mit dem Abfluss von Gold von A nach C bezahlt, was in A eine Deflation und eine Periode lang anhaltender wirtschaftlicher Lähmung auslöst. So führt der Goldstandard unweigerlich dazu, dass die ganze Welt so arm ist wie die ärmste Nation, die um die Märkte konkurriert.

Auswirkung der Befreiung ausländischer Exchanges

Betrachten wir nun denselben Fall, in dem sich die Tauschbeziehungen absolut frei einstellen. Wenn A dem B Geld leiht, muss B es als Waren und Dienstleistungen von A entgegennehmen. Umgekehrt, wenn B dem A ein Darlehen zurückzahlt, muss A es als Waren und Dienstleistungen von B entgegennehmen, weil jeder Versuch, in einem dritten Land C zu kaufen, den Wechselkurs sofort gegen das Land, das zu kaufen versucht, stellt und es für den Käufer profitabler macht, den Austausch von Geld zu vermeiden, und dies kann er nur tun, indem er in dem Land kauft, aus dem er das Geld erhält. Unter diesen Umständen spiegeln die Wechselkurse fast den relativen Wert des Geldes wider, den jedes Land in seinem eigenen Land hat. Der Tauschwert ist dann die relative Menge der verschiedenen Geldsorten, mit der jeder in seinem Land im Durchschnitt die gleiche Menge an Waren und Dienstleistungen kauft. Genauer gesagt, es gibt im Durchschnitt keinen wirtschaftlichen Vorteil, das Geld überhaupt zu wechseln. Sofern die Individuen dazu gezwungen sind und sich ihre Bedürfnisse nicht gegenseitig aufheben, wird sich der Wechselkurs gegen das Land entwickeln, das per Saldo sein eigenes Geld zur Begleichung der Auslandsschulden umtauscht, so dass es leichter ist, die Schulden direkt durch die Übertragung von Waren und Dienstleistungen zu begleichen, als durch den Umtausch von Geld mit Verlust.

Üblicherweise wird argumentiert, dass es unmöglich ist, sowohl ein konstantes internes Preisniveau als auch ein konstantes Wechselkursverhältnis im Ausland aufrechtzuerhalten, und dass die Wahl zwischen beiden getroffen werden muss. Die Argumentation zielt jedoch darauf ab zu zeigen, dass es ganz wesentlich ist, den Börsen die Freiheit zu lassen, ihre eigene Parität zu finden, wenn das interne Preisniveau stabilisiert wurde. Nehmen wir zwei Länder an, in denen der Wechselkurs die gleiche Kaufkraft der beiden Währungen widerspiegelt, jede in ihrem eigenen Land. Was das Argument betrifft, können wir der Einfachheit halber die Qualitätsunterschiede zwischen den Einfuhren und Ausfuhren des einen oder zwischen den Ausfuhren und Einfuhren des anderen Landes ignorieren und sogar annehmen, dass jedes Land genau die gleichen Dinge einführt, die es auch ausführt, wie es in unserem verrückten System bis zu einem gewissen Grad der Fall ist, sehr zur Verwunderung der Seefahrer. Dann soll das eine Land. A inflationiert werden, während das andere, B, ein konstantes Preisniveau beibehält, wobei sich die Börsen völlig frei anpassen können. Die Waren in Land A werden teurer. Dadurch werden seine Exporte gebremst und seine Importe stimuliert. Da aber in beiden Ländern der Importeur den Exporteur seines Landes in seiner eigenen Währung bezahlt, würden die Importeure in A die Exporteure für mehr Waren bezahlen, als sie exportiert haben, während die Importeure in B die Exporteure in B für weniger Waren bezahlen würden, als sie exportiert haben, was, wie Euklid sagen würde, absurd ist. Der Kunstgriff, sich vorzustellen, dass die importierten Waren dieselben sind wie die exportierten, verdeutlicht nur, was tendenziell passiert, ohne die Wahrheit wesentlich zu verfälschen. Die Schulden, die A bei B für die über die Exporte hinausgehenden Importe macht, können nur dadurch ausgeglichen werden, dass die größere Geldmenge von A in B gegen die geringere Geldmenge von B in A getauscht wird, denn beide sind für die Exporteure, die die Waren liefern, nutzlos, solange sie nicht gegeneinander getauscht werden. Aber genau das ist in Wirklichkeit geschehen, denn man braucht eine größere Geldmenge von B, um in B die gleichen Waren zu kaufen wie vorher. Jeder Versuch, den Tausch auszugleichen, bedeutet also, Peter zu berauben, um Paul zu bezahlen, und je schneller sich der Tausch gegen ein Land wendet, das sein Geld entwertet, desto besser für alle Beteiligten. Aber die private Spekulation mit Devisen muss vollständig unterbunden werden, und auch der Umtausch von nationalem Geld in das anderer Länder muss unter direkte nationale Kontrolle gestellt werden.

Richtige Verwendung von Gold

All dies spricht auch nicht im Geringsten dagegen, dass Gold als eine bequeme Form von Handelsware verwendet wird, um rein zeitweilige oder spasmodische Störungen der Wechselkurse zu korrigieren. Hierfür ist es in der Tat sehr gut geeignet. Aber es muss als Ware betrachtet und von seiner "Goldstandard"-Funktion, durch seinen Ab- und Zufluss eine dreißigfache Verkleinerung und Vergrößerung der Gesamtgeldmenge zu bewirken, völlig losgelöst werden. Eine Währung, die bei einer konstanten Indexzahl oder einem konstanten Preisniveau stabilisiert wird, indem die Gesamtgeldmenge erhöht wird, da die Produktionssteigerung auf den Märkten größere Mengen an Konsumgütern hervorbringt, würde immer noch einen gewissen durchschnittlichen Goldbesitz als vorteilhaft für die Stabilisierung des Austausches empfinden. Wenn ein anderes Land, dessen Geld in Gold konvertierbar ist, anfängt zu inflationieren, würden seine erhöhten Importe durch den Abfluss von Gold bezahlt werden, solange es welches hat, aber das Gold, das sich in dem Land ansammelt, das dorthin exportiert, würde unter diesem System dazu neigen, im Verhältnis zum Durchschnitt anderer Waren weniger wert zu sein als vorher. Dies wäre eine Wirkung der gleichen Art wie die gegen das Land gerichtete Abwertung seines Geldes. Aber was das Land mit stabilem Geld betrifft, so ist Gold nur eine der Waren, mit denen es im Ausland kaufen kann, und abgesehen von der Bequemlichkeit, es zum Ausgleich sporadischer Wechselkursschwankungen zu verwenden, steht es ihm frei, so viel oder so wenig zu importieren oder zu exportieren, wie es zu seinem wirtschaftlichen Vorteil sein mag.

KAPITEL VI

PHYSISCHE ANFORDERUNGEN EINES GELDSYSTEMS

GELD in der Neuen Ökonomie

Es war notwendig, die Entwicklung des bestehenden Währungssystems ausführlich zu erläutern und zu zeigen, wie es die Welt in ihrem gegenwärtigen höchst gefährlichen und explosiven Zustand hält. Im Verlauf dieser Darstellung wurden einige Vorschläge für seine Reform gemacht. Diese hängen zumindest teilweise von der neuen und originellen Interpretation der physikalischen Realitäten der Wirtschaft ab, die in der Einleitung in gewissem Maße behandelt wurde. Sie werden wahrscheinlich viel leichter von denjenigen verstanden werden, die in produktiven Berufen tätig sind, als von denjenigen, die in überholten Denkgewohnheiten geschult sind, aus denen, zum Leidwesen der Welt, die meisten Führer und Verwalter bisher ausgewählt wurden.

Es ist nicht möglich, diese alten und neuen Philosophien zu vermischen, genauso wenig wie es möglich ist, Wissenschaft mit Hexerei und Magie zu vermischen oder dass ein moderner Mensch im gleichen Ideenhorizont denkt und handelt wie ein primitives Volk. Vor allem kann die neue Ökonomie des Überflusses oder das Geldsystem, das zu seiner Verteilung erforderlich ist, nicht mit der alten

Ökonomie der Knappheit erklärt werden. In dieser neuen Philosophie erscheint das Geld selbst zum ersten Mal in seinem wahren Licht, denn es ist nicht Reichtum, sondern nur eine Quittung für den Reichtum, der freiwillig dafür aufgegeben wird, kurz gesagt, es wird als Kreditzeichen verwendet. Heute lassen wir es zu, dass die ganze Welt von Leuten beherrscht wird, die entdeckt haben, wie sie sich den Reichtum geben lassen können, ohne auch nur Quittungen dafür zu drucken; in einer wissenschaftlich kontrollierten Zivilisation würde der Geldemittent für den übrigen Wirtschaftsorganismus eine ähnliche Funktion haben wie der Schalterbeamte eines Bahnhofs für den übrigen Bahndienst. *So wie der letztere über das Geld, das er als Gegenleistung für die von ihm vertriebenen Eisenbahndienste erhält, Rechenschaft ablegen muss, müsste der andere über die Waren und Dienstleistungen, die er als Gegenleistung für das von ihm vertriebene Geld erhält, Rechenschaft ablegen.* Eine so einfache Idee wie diese ist der Ausgangspunkt der neuen Ära. Es ist wahr, dass die Geldscheine dauerhaft sind und, einmal ausgegeben, ewig im Umlauf bleiben, ohne vernichtet oder entwertet zu werden. Aber abgesehen davon geht es um ganz ähnliche Überlegungen des gesunden Menschenverstandes wie bei einer Eisenbahn.

Es gibt jetzt keinen Mangel an Reichtum

In der neuen Ökonomie gibt es keine Schwierigkeiten mehr, Reichtum zu schaffen. Die arbeitslosen Arbeitskräfte und das Kapital warten nur darauf, dass man ihnen den Befehl gibt, dies zu tun. Wenn ein für alle Mal klar wäre, dass die Nation das Geld ausgeben würde, um das Produkt zu demselben Preisniveau zu verteilen, das zum Zeitpunkt der Entstehung der Produktionskosten herrschte, wäre nichts weiter notwendig, um sicherzustellen, dass alle arbeitslosen Arbeitskräfte und das Kapital dauerhaft in vollem Umfang produktiv eingesetzt werden. Von diesem Moment an würde die Nation selbstverständlich mit aller Kraft an der Schaffung von Reichtum für Konsum und Gebrauch arbeiten, so wie sie während des Krieges mit aller Kraft an der Schaffung von Reichtum für die Zerstörung gearbeitet hat. Es ist nach Ansicht des Autors eine Übertreibung, anzunehmen, dass der Zeitpunkt schon gekommen ist, an dem es unmöglich ist, einen Teil der verfügbaren Arbeitskräfte und des Kapitals sinnvoll einzusetzen. Zweifellos wird eine beträchtliche Neuausrichtung des Produktionssystems auf die veränderten Bedingungen erforderlich sein, aber noch lange Zeit werden wir alle und alles, was zum Wiederaufbau der Welt beitragen kann, in vollem Umfang nutzen können.

Doch wer mehr über die Grundsätze wissen will, die zu beachten sind, um dieses Ergebnis zu erreichen, muss bereit sein, sich von der alten metaphysischen Schule der Ökonomen zu trennen, die die zugrunde liegenden physikalischen Implikationen des Themas ebenso wenig erkannt haben wie der technisch ungebildete Mensch. Für einen Wissenschaftler ist es nahezu unglaublich, dass eine Gruppe von Männern, die sich als Experten auf diesem Gebiet ausgeben, fast ein Jahrhundert lang nicht klar zwischen den Folgen einer echten Kreditvergabe und der unterscheiden konnte, die vorgibt, Kredite zu vergeben, indem sie neues Geld als "Bankkredite

Motiv

Der Unterschied zwischen dem Ökonomen und Soziologen auf der einen Seite und dem wissenschaftlich geschulten

Verstand auf der anderen Seite könnte nicht besser veranschaulicht werden als in der Behandlung des menschlichen Motivs, bei der man hätte erwarten können, dass der Erstere mehr dazu beigetragen hätte als der Letztere. Der Ökonom sah darin nichts Tieferes als das "Gewinnstreben" einer wetteifernden Schar von Besitz ergreifenden Individuen. Der Soziologe füllt Bände mit der Erörterung von " - ismen", personifiziert in der altehrwürdigen Gestalt von Göttern und Dämonen und gibt imaginären Protagonisten Großbuchstaben, die ins Leben gerufen wurden, um nichts Menschlicheres zu erklären als Irrtümer beim Zählen und wirtschaftliche Betrügereien, gröber (weil universeller) als die Fälschung von Gewichten und Maßen. Der Wissenschaftler geht davon aus, dass in einer individualistischen Gesellschaft die Menschen, wenn sie nicht irgendwie ihren Lebensunterhalt bestreiten können, durch den gewöhnlichen Prozess des Verhungerns aufhören müssen zu existieren, und dass sie besser nicht geboren worden wären. Er erkennt jedoch an, dass es keine Macht auf Erden oder gar in der Hölle gibt, die die Menschen dauerhaft daran hindern kann, sich all das zunutze zu machen, was sie mit ihrem Wissen und ihren Fähigkeiten aus der Natur für ihren Lebensunterhalt gewinnen können, und gelangt so zu einer umfassenden und befriedigenden Theorie des Krieges, der Revolution, der Sabotage und des sozialen Konflikts, die wie ein Handschuh in dieses Zeitalter passt.

Der vorhandene Reichtum

Es mag nützlich sein, diesen kurzen Überblick über die offensichtlichen physikalischen Prinzipien, die beachtet werden müssen, wenn das Geld seine richtige Rolle in einer individualistischen Gemeinschaft spielen soll, mit einer banalen, aber physikalisch wichtigen Aussage zu beginnen. Wenn wir alles, was einen wirtschaftlichen Wert hat und die gegenwärtige Zivilisation von jeder früheren unterscheidet, betrachten, können wir sicher sein, dass es produziert worden sein muss und noch nicht verbraucht wird. In unserer fortgeschrittenen Zivilisation ist es selten, dass die Menschen die Dinge, die sie wollen, entweder finden oder tatsächlich herstellen. In der Praxis beschränken sich die Menschen in der Regel auf eine bestimmte spezialisierte Form der Arbeit und verlassen sich für den Rest auf die Tätigkeiten anderer. Dies wird als Arbeitsteilung bezeichnet, und obwohl dies im soziologischen Sinne mehr und mehr zu einer sozialen Skala mit einer überlasteten Mitte und freiwilliger oder unfreiwilliger Freizeit an beiden Enden geworden ist, ist der rein wirtschaftliche Sinn des Begriffs gemeint. Die Dinge, die direkt von ihren Besitzern für den Gebrauch und den Verbrauch produziert werden, können als Ausnahme betrachtet werden , die von Menschen produziert werden, die sich selbst beschäftigen, die aber dabei nicht weniger Unterhalt benötigen als diejenigen, die beschäftigt sind, für andere zu produzieren. Es ist daher naheliegend, zwei *Hauptzwecke* des Reichtums zu unterscheiden, je nachdem, ob er für den Lebensunterhalt, für den "absoluten Konsum", wie Ruskin es ausdrückte, oder für die Produktion neuen Reichtums für den zukünftigen Gebrauch und Verbrauch verbraucht wird.

Konsum für die Produktion und für die Freizeit

Diese Unterscheidung kommt in der gewöhnlichen monetären Konnotation der Begriffe "ausgeben" und "verdienen" zum Ausdruck. Physikalisch gesehen handelt es sich jedoch bei beiden Handlungen gleichermaßen um den Verbrauch von konsumierbarem Reichtum und die Verwendung von nicht konsumierbarem oder dauerhaftem Reichtum, wie sehr sich auch die Dinge, die konsumiert oder verwendet werden, im Einzelnen unterscheiden mögen, sei es für das bloße Leben oder für die Produktion für die Zukunft. Aber nicht nur das ist der Grund für eine gewisse Verwirrung im Denken zu diesem Thema. Im Zeitalter des Mangels verlangten die meisten Menschen nicht mehr als das und waren froh, wenn sie so viel bekamen, dass sie in einem angemessenen Zustand und Komfort für den Zweck der Produktion leben konnten. Die Löhne und Gehälter, zumindest in den unteren Klassen, die dem Wettbewerb ausgesetzt sind, waren nie etwas anderes als die durchschnittliche Entlohnung, die es dem Arbeiter ermöglicht, seinen Beruf effizient, in der üblichen Weise und mit dem Lebensstandard und der sozialen Stellung, die für diese Art von Beruf üblich sind, auszuüben, und die ausreicht, um eine Familie zu ernähren oder eine neue Generation für die Ausübung der gleichen Berufe auszubilden. Zugegebenermaßen gab es schon immer eine beträchtliche Elastizität bei der Festlegung des Entgelts sowie des Grades an Komfort und Zufriedenheit, den verschiedene Menschen aus demselben Entgelt ziehen, je nach einer immensen Bandbreite individueller Umstände und Begabungen.

Aber im Zeitalter des potentiellen Überflusses, mit der zunehmenden Möglichkeit zur Freizeitgestaltung, die durch die steigende Effizienz des Produktionsprozesses ermöglicht wird, gewinnt die Unterscheidung an Bedeutung, und es scheint wünschenswert, diese Nutzung im "gerechten Leben", die wirkliche Freizeitnutzung, von der anderen schärfer zu trennen. Die Freizeit wird nicht mehr zu einem Luxus oder einer Belohnung im Alter, sondern zu einer allgemeinen wirtschaftlichen

Notwendigkeit außerhalb des Produktionsprozesses und ganz abgesehen von dem, was man gewöhnlich unter diesem Begriff verstanden hat - ausreichende Erholung, um den Arbeiter in geistiger und körperlicher Verfassung zu halten. Nur der Tod kann die Welt von denjenigen befreien, die, obwohl sie selbst oft genug wenig tun, einen Lohn oberhalb des Existenzminimums als ein ungesundes Symptom ansehen, das durch Deflation finanziell korrigiert werden muss. Es kann kein Zweifel daran bestehen, dass dies psychologisch der Grund für die katastrophale Finanzpolitik ist, die das Land seit dem Krieg betrieben hat.

Verbrauchsgüter und Kapitalvermögen

Aber auf der physischen Seite gibt es auch eine sehr reale Unterteilung des Reichtums in zwei Kategorien, ganz abgesehen von der soeben hervorgehobenen, die zwar auch einen zweckmäßigen oder funktionalen Charakter hat, aber von ganz anderen physischen Eigenschaften abhängt. Es handelt sich um die Unterscheidung zwischen konsumierbarem und nicht konsumierbarem Reichtum. Dies ist es, was die neue Ökonomie betont hat. Die fundamentale Bedeutung dieser Unterscheidung war der alten Ökonomie völlig unverständlich. Die bestehenden Verwirrungen, insbesondere auf hinsichtlich der Natur dessen, was mit dem chamäleonartigen Begriff Kapital gemeint ist, einschließlich all seiner Ableitungen und Verzweigungen in den soziologischen Kontroversen über "Kapitalismus", scheinen ihren Ursprung hauptsächlich in der Vernachlässigung dieses wesentlichen Unterschieds zu haben. So stellt sich für Marx (1859) "der Reichtum derjenigen Gesellschaften, in denen eine kapitalistische Produktionsweise vorherrscht, als eine ungeheure Anhäufung von Waren dar". Für einen neuen Ökonomen, der sich, wie bereits angedeutet, an der Energietheorie des Reichtums orientiert, würde eine immense Anhäufung von Waren einfach verrotten. Es ist völlig unmöglich und überdies sehr unrentabel, zu versuchen, genug Reichtum anzuhäufen, um den Einzelnen durch das Alter zu bringen. Er braucht täglich neuen Reichtum, und die Anhäufung besteht aus Schulden, nicht aus Reichtum. Außerdem haben diese Kapitalschulden die gleiche Besonderheit wie das Geld selbst als Schuld. Sie können niemals zurückgezahlt werden!

Für den Einzelnen ist es kaum von Bedeutung, ob der Anspruch, den er auf die gemeinschaftlichen Einnahmen des Reichtums hat, eine reine Schuld ist, wie die Staatsschuld, die ihm ein Einkommen verschafft, das durch die Besteuerung der eigenen und der Einkünfte anderer erzielt wird, oder ob er sich aus dem Ertrag eines ertragbringenden Unternehmens ableitet, dem er Geld geliehen oder anvertraut und so zu dessen Gründung beigetragen hat. Aber selbst im letzteren Fall ist das produktive Kapital des Unternehmens selbst in der Regel fast völlig wertlos, außer als Schrottwert, wenn es nicht für den besonderen Zweck verwendet wird, für den es bereitgestellt wurde, oder wenn bessere Mittel zur Deckung des Bedarfs erfunden werden.

Nicht rückzahlbare Kapitalverbindlichkeiten

Produktivkapital in diesem Sinne ist für den Einzelnen nur deshalb Reichtum, weil es (1) mit einem anderen Einzelnen gegen Reichtum getauscht werden kann oder (2) weil er für die Nutzung der Anlage, zu deren Bereitstellung er beigetragen hat, Miete oder Pacht verlangen kann. Solange sie sich nicht in Staatseigentum befindet, ist sie vom

Standpunkt der Gemeinschaft aus gesehen, ebenso wie die Staatsschulden, lediglich eine Einnahmequelle für den Eigentümer der Schulden auf Kosten der übrigen Gemeinschaft. Beide sind gleichermaßen physisch nicht rückzahlbar.

Die wesentliche Überlegung, die dem Vorangegangenen zugrunde liegt, ist, dass die beiden Reichtumskategorien zwar zwischen den Individuen ausgetauscht werden können, die eine aber nicht nach Belieben in die andere umgewandelt werden kann. Die Umwandlung kann nur in eine Richtung erfolgen, nämlich von konsumierbarem Reichtum in dauerhaften Reichtum, indem die Produzenten des Reichtums ernährt und unterhalten werden. Es ist eine Frage der Wahl, ob die Produzenten Schweine züchten und Mais anbauen oder Fabriken bauen sollen, und der Unterhalt, den die eine Art von Produzenten benötigt, unterscheidet sich nicht wesentlich von dem, den die andere benötigt. Aber die einmal getroffene Wahl ist unwiderruflich. Vom Standpunkt der Nation aus ist der Tausch der einen Art von Reichtum gegen die andere, ob A oder B die eine oder die andere besitzt, nicht von Bedeutung. Der eine besitzt den Reichtum und der andere die Schulden, genau wie beim Tausch zwischen Reichtum und Geld.

Energietechnische Überlegungen

Diese physische Unterscheidung zwischen verbrauchbarem und nicht verbrauchbarem Reichtum ist im Grunde eine energetische Unterscheidung. Bei den eigentlichen Verbrauchsgütern wie Lebensmitteln, Brennstoffen, Sprengstoffen und ähnlichen Gütern handelt es sich um Dinge, die nützlich sind, weil sie verbraucht oder zerstört werden können. In der Kategorie der dauerhaften Güter geht es um Dinge, die nützlich sind, weil sie dauerhaft sind und der Zerstörung widerstehen. In dieser Klasse ist es üblich, den dauerhaften Reichtum, den die Menschen in ihrem persönlichen und häuslichen Leben nutzen und benötigen, von dem zu unterscheiden, der zu ihren Nebenbeschäftigungen in der Eigenschaft als Produzenten gehört und auf den der Begriff "produktives Kapital" unzweideutig angewendet werden kann. Für das erstere reicht der Begriff "persönlicher Besitz" aus. Bevor wir diesen Punkt verlassen, wollen wir noch ein wenig näher darauf eingehen, warum diese Unterscheidung so grundlegend ist. Die physischen Eigenschaften, die einander gegenübergestellt werden, sind oberflächlich betrachtet die Fähigkeit, sich zu verändern, und die Fähigkeit, zu überdauern, oder die Veränderlichkeit und die Dauerhaftigkeit, aber dahinter verbirgt sich nur eine tiefere Bedeutung. Die erste Klasse sorgt durch ihre Veränderung für den Energiefluss, der belebte Wesen und unbelebte Mechanismen gleichermaßen antreibt, aber bei der zweiten Klasse ist es umgekehrt, nur weil sie beständig sein muss. Sie werden überhaupt nicht als innere Reservoirs oder Energiequellen benutzt, sondern müssen fähig sein, einer Veränderung oder einem Wandel standzuhalten, wenn sie einer äußeren Kraft oder Belastung ausgesetzt sind. Denn die spontane Veränderung in der materiellen Sphäre geht nur mit einer Energieveränderung einher, die derjenigen des bergab fließenden Wassers entspricht. Im Grunde unterscheiden wir zwischen den Dingen, die sich verändern können, indem sie einen solchen Energiefluss, der das Leben in Gang setzt, hervorbringen, und denjenigen, die sich der Veränderung widersetzen können, wenn sie einer Energie ausgesetzt sind, die auf diese Weise zu fließen versucht (Kraft oder Stress).

In der Praxis unterscheiden wir in Grenzfällen nach - der Funktion, d. h. danach, welche der beiden gegensätzlichen Eigenschaften die nützliche ist. Kleidung und dergleichen, die so lange wie möglich halten sollen, werden als dauerhaft angesehen, obwohl die Mode sie mehr als nötig in die Klasse der Verbrauchsgüter verschiebt, da die Motive des Herstellers und des Verbrauchers (in unserer verrückten Welt) antagonistisch sind. Wie zäh ein Rindersteak auch sein mag, es ist nur insofern nützlich, als es konsumierbar ist, und insofern es der Verdauung widersteht, ist es unerwünscht.

Produktives Kapital nicht ausschüttungsfähig

In diesem Sinne des Kapitals, als unverbrauchbares Produkt des Konsums von konsumierbarem Reichtum, gibt es zum Beispiel keinen Unterschied zwischen einem Haus, das als Privatwohnung genutzt wird, und einem, das als Fabrik genutzt wird. Beide sind Produkte der Verausgabung von Arbeit oder Energie und insofern, als sie selbst Energiequellen sein können (indem sie einstürzen oder Feuer fangen), unerwünscht. Aber vom Standpunkt des Verbrauchers aus gesehen gibt es den wichtigen Unterschied, dass ein Privathaus als eine der für den Gebrauch der Verbraucher erforderlichen Waren in den Markt kommt, während die Fabrik dies nicht tut. Ihr Zweck ist ein Zwischenzustand, wie Ruskin über das Kapital bemerkte, und sie verlässt das Produktionssystem überhaupt nicht. Sie mag innerhalb des Produktionssystems den Besitzer wechseln, aber das ist von keiner besonderen nationalen Bedeutung, soweit es um die Buchführung geht, die ihre Existenz widerspiegelt. Dennoch sind beide im Wesentlichen identisch, solange wir nur ihre Produktionsweise betrachten. Dies war zweifellos im Sinne von J. S. Mill, als er sagte: "Der Unterschied zwischen Kapital und Nicht-Kapital liegt nicht in der Art der Waren, sondern im Geist des Kapitalisten, in seinem Willen, sie für den einen Zweck und nicht für den anderen zu verwenden". Wenn er sich jedoch entschieden hat und seine Entscheidung in die Tat umsetzt, kommt ein sehr wichtiger Unterschied zum Tragen. Seit Adam Smith ist es üblich, einen Vorrat an Waren und Anlagen, der geistig für die Verwendung in der Produktion bestimmt ist, als Kapital zu bezeichnen und den Gebrauch des Wortes auf das für diesen Zweck bestimmte Geld auszudehnen.

In der Ökonomie ist es unmöglich, hieb- und stichfeste logische Definitionen oder Unterscheidungen zu treffen, die in allen Fällen anwendbar sind. Auch in der Mechanik werden die Gesetze anders, wenn es um Geschwindigkeiten geht, die mit denen des Lichts vergleichbar sind, obwohl diese Komplikationen im Bereich der praktischen Technik zumindest noch völlig ohne Bedeutung sind. Aber es muss eine eindeutige, konsistente Verwendung der Begriffe innerhalb des oft recht engen Bereichs geben, für den das Argument gilt. Es ist viel wichtiger, dass sie eine enge, bekannte und eindeutige Bedeutung haben, als dass ihre Bedeutung so weit und vage gefasst wird, dass sie alle denkbaren Eventualitäten abdeckt. Denn dann können sie, wie in politischen und soziologischen Kontroversen, ein halbes Dutzend verschiedener Dinge zu verschiedenen Zeitpunkten im Verlauf eines einzigen Arguments bedeuten. In Bezug auf das Kapital wäre es jetzt wahrscheinlich besser, das Wort überhaupt nicht zu verwenden.

Das Kapital im Kommunismus und im Individualismus

Im Rahmen dieses Buches beschränkt sich die Verwendung des Begriffs auf das nicht verbrauchbare Produkt des konsumierbaren Reichtums, das für die Produktion von Reichtum verwendet wird, und wird als Unterkategorie des dauerhaften Reichtums betrachtet, der sich durch seine Funktion in der Produktion vom Privatbesitz unterscheidet. Wir befassen uns nicht mit den Absichten, sondern mit den physischen Folgen der Handlungen. Nur in diesem Sinne haben die Kontroversen über die Verstaatlichung der Produktions-, Verteilungs- und Tauschmittel und die Unterschiede zwischen Kommunismus und Individualismus eine wirkliche Bedeutung. Die Regierungsformen haben weit weniger Bedeutung, als man zu vermuten geneigt ist. So wird die Notwendigkeit des Kapitals im obigen Sinne, im allgemeinen gerade in dem Maße, wie die Zivilisation fortschreitet, von niemandem mehr in Frage gestellt. Jeder neue Fortschritt in der Produktion ist auf etwas zurückzuführen, das der Entwicklung des Pfluges zum Traktor entspricht und verlangt, dass immer mehr Menschen beiseite gestellt und unterhalten werden, während sie die für die Produktion erforderlichen Anlagen produzieren und in Ordnung halten, aber nicht wirklich etwas produzieren, was der Endverbraucher benötigt.

In einem kommunistischen Staat ist dies nicht weniger der Fall als in anderen. Dort nimmt die Regierung als Eigentümerin von allem so viel, wie sie nicht nur für ihre eigenen Dienstleistungen, sondern auch für die Bereitstellung von neuem Kapital benötigt, und die eigentlichen Produzenten bekommen dann alles, was von dem konsumierbaren und privat nutzbaren Reichtum übrig bleibt. In einer individualistischen Gesellschaft, für die wir die Rolle des Geldes erforschen, wird das Kapital durch "Investitionen" bereitgestellt, was bedeutet, dass die Menschen, anstatt alles zu konsumieren, was sie in ihrer privaten oder persönlichen Eigenschaft verdienen, andere ermächtigen, es in einkommenserzeugenden Unternehmen auszugeben, auf deren Produktion sie ein Pfandrecht oder einen Anspruch erwerben. Aber danach können sie ihr Kapital nur in irgendeiner für sie nützlichen Form zurückerhalten, indem sie ihren Anspruch mit jemand anderem gegen neuen Reichtum tauschen.

Die Konsequenz daraus ist, dass in jedem modernen individualistischen Staat immer ein sehr großer Teil der Produktion stattfindet, der nichts direkt zu den Produkten beiträgt, die die Menschen in ihrer Eigenschaft als Konsumenten kaufen, und der durch "Investitionen" oder irgendeine Form des "Sparens" ausgeglichen werden muss, bei der Konsumtitel von ihren Besitzern aufgegeben und auf andere übertragen werden. Außerdem ist dieser Teil der Ausgaben staatlich, unwiederbringlich und nicht rückzahlbar.

Alle Kosten der Produktion werden auf die Verbraucher umgelegt

Es ändert nicht das Geringste an der Buchführung, dass dieser "Kapital"-Verbrauch dazu dient, die Arbeit zu erleichtern und die Kosten für die künftige Produktion zu senken, und dass er, wenn er erfolgreich ist, dies auch tatsächlich tut. In der Physik gibt es weder Zins noch Zinseszins, weder Kredit noch Kreditaufnahme. All dies bezieht sich nur auf gegenseitige

Eigentumsvereinbarungen, die Menschen untereinander treffen können. Die verschiedenen Elemente, aus denen sich Kosten oder Preise zusammensetzen, spielen in der physikalischen Buchführung keine Rolle, ebenso wenig wie die Unterscheidung zwischen dem relativen Anteil von Rohmaterial, Arbeit, Gemeinkosten, Gewinn, Zinsen und Miete oder zwischen Großhandelspreis, Einzelhandelspreis, Einstandspreis, Verkaufspreis und dergleichen. Wir kümmern uns nicht darum, wie die Kosten oder der Preis auf die verschiedenen beteiligten Personen aufgeteilt werden, sondern lediglich um die Gesamtsumme, wobei wir uns sehr sicher sind, dass jeder, der sie erhält, und in welcher Eigenschaft auch immer, in den vollen individuellen Genuss dieser Summe kommt, ob sie nun verdient oder unverdient, gerecht oder ungerecht, für positive oder nur für negative und erlaubte Leistungen ist. Obwohl viele dieser Dinge natürlich einen großen Unterschied für das soziale Wohlergehen einer Gemeinschaft ausmachen können und insbesondere für den relativen Anteil, den eine individualistische Gesellschaft wählen kann, um ihren Reichtum für persönlichen Konsum und Gebrauch oder für produktive Ausgaben zu verwenden, sind diese Dinge alle *nachrangig* zu der Frage nach einem Buchhaltungsmechanismus.

Produktion für Verbraucher

Trennen wir die beiden wesentlichen Funktionen, die immer zusammen ablaufen, um jede für sich zu betrachten, und nehmen wir an, dass wir es mit einem System zu tun haben, dessen Produktion weder zunimmt noch abnimmt, und dass das Geld einen konstanten Preisindex der Kaufkraft hat. Was die Produktion und den Konsum von Reichtum für den privaten und persönlichen Gebrauch

betrifft, können wir den eigentlichen Geldkreislauf in zwei
Hälften unterteilen, die Produktions- und die Konsumhälfte
des Kreislaufs. Die beiden Hälften des Kreislaufs verbinden
sich (1) dort, wo das Geld aus der Produktionshälfte in
Form von Löhnen und Dienstleistungen ausgezahlt wird,
um Reichtum in die Produktion zu bringen, und so seinen
Weg in die Taschen der Verbraucher findet (2) dort, wo das
Geld von den Verbrauchern in das Produktionssystem
zurückbezahlt wird, um das Produkt zu kaufen, das sie in
einer früheren gleichwertigen Produktionsperiode
produziert haben. Der Geldkreislauf ist endlos, und nur der
produzierte konsumierbare und privat nutzbare Reichtum
fließt bei (2) für den Konsum ab. Das Gesamtaggregat, das
für die Produktion einer bestimmten Menge an produzierten
Dingen ausgezahlt wird, ist der Preis, und nur weil dieses
Geld ausgezahlt wird, kann das Produkt gekauft und
dasselbe Geld wieder zur Produktion einer neuen Menge
verwendet werden. Das gleiche Geld wird immer wieder
verwendet, um eine endlose Reihe von Waren und
Dienstleistungen an den Verbraucher zu verteilen.

Wie bereits angedeutet, ist es ein Anfängerfehler, sich
vorzustellen, dass alle Kosten, die der Industrie entstehen,
nicht auf den Kauf des Produkts verteilt werden. Es ist
völlig falsch anzunehmen, dass es zwischen ihnen einen
Unterschied gibt. Gemeinkosten, Zinsen, Pacht und
Gewinne sind ebenso wie Löhne, Gehälter und
Materialkosten Zahlungen an Individuen, die sie nicht in
ihren Strümpfen horten, sondern sie in ihrer privaten
Eigenschaft als Konsumenten genauso ausgeben oder
investieren wie andere Menschen auch. In Bezug auf diesen
einen Zweck, die Produktion für und die Verteilung an die
Endverbraucher, gleichen die entstandenen Kosten die
verteilten Kosten aus.

Produktion für Erzeuger

Aber wenn wir den zweiten Zweck, die Kapitalproduktion, betrachten, wird das Produkt niemals an die Verbraucher verteilt, sondern bleibt sein ganzes Leben lang im Produktionssystem. Wenn eine Fabrik gebaut wird, wird sie von den Menschen bezahlt, anstatt in den Konsumtionsmarkt zu gehen, um Dinge für ihren persönlichen Gebrauch und Konsum zu kaufen, und direkt in das Produktionssystem zurückzukehren und die Produzenten zu ermächtigen, es wieder als Löhne usw. auszugeben, um die Fabrik zu bauen, aber die Fabrik wird nie an die Verbraucher verteilt und kann es auch nie. Man kann dies so ausdrücken, dass die Investition oder das Sparen am Markt der Konsumenten vorbeigeht. Das zirkulierende Geld, das bei jeder Umwälzung nicht mehr die gleiche Menge an Reichtum entnimmt, wie es hineinsteckt, zirkuliert nun zweimal durch das Produktionssystem und schafft neue Güter, nimmt sie aber nur einmal heraus, was zu einer Zunahme des Reichtums im Produktionssystem führt. Aber dieser Zuwachs ist "produktives Kapital", das für die Bedürfnisse der Konsumenten nutzlos ist und in der Tat nie verteilt wird.

Die Anhäufung von Schulden

Das Produktivkapital wird durch die Schaffung einer permanenten und nicht rückzahlbaren Schuld aufgebaut, die dem Investor gehört und ihm auf ewig geschuldet ist. Dasselbe gilt, wie wir bald sehen werden, für jede Vermehrung der Konsumgütermenge im Laufe der Produktion, wie auch für das fixe Kapital, und das ist der wichtigste Irrtum in der Buchführung, der bisher von den

Geldökonomen begangen wurde, denn solange dies nicht verstanden wird, ist es ganz unmöglich, einen festen Wert für das Geld oder ein konstantes Preisniveau aufrechtzuerhalten. Sowohl wegen der Vermehrung des fixen Kapitals und des Ersatzes und der Erneuerung veralteter oder abgenutzter Anlagen als auch wegen der Vermehrung der Güter *im Laufe* der Produktion in einem expandierenden Zeitalter, wenn die Expansion nicht nur vorübergehend sein soll, verteilt das Produktionssystem *weit mehr* Geld als das Geld, das es für die Produkte erhält, die es verteilt, und die Differenz ist die sich anhäufende Kapitalschuld, unter der jetzt alle Nationen gleichermaßen stöhnen.

Lösung des Problems der Arbeitslosigkeit

Das unmittelbare Problem, das gelöst werden muss, besteht darin, die Gesamtheit der verfügbaren arbeitslosen Arbeitskräfte und des verfügbaren Kapitals sofort wieder in die nützliche Produktion zu bringen. Die konservativste Schätzung geht davon aus, dass in diesem Land sofort eine fünfundzwanzigprozentige Steigerung eintreten würde. Das bedeutet, dass in ein paar Monaten jeder im Durchschnitt fünfundzwanzig Prozent besser gestellt wäre als vorher. Aber die tatsächliche Steigerung, die sich ergeben würde, wenn die Produktion nicht mehr durch Geldmanipulationen gedrosselt würde, kann anhand der gegenwärtigen Zahlen unmöglich abgeschätzt werden, da ein so großer Teil der Produktion heute durch die Anhäufung von überflüssigen und überflüssigen Vertriebskosten verteilt wird und dies nicht mehr notwendig wäre. Es ist vollkommen richtig, neues Geld auszugeben, nachdem die Steigerung der Produktionsrate lange genug gelaufen ist, um die erhöhte Warenmenge auf den Markt zu bringen. Die Einzelhändler haben dann neue Waren im Wert des neuen Geldes, das zu ihrer Verteilung ausgegeben wurde. Aber es ist völlig falsch, es als Schuld an die Industrie auszugeben, um die neue Produktion *zu* ermöglichen. Das ist genau so, als würde man eine Vorverkaufsstelle einrichten, bevor die Eisenbahn gebaut ist, und den Bau der Eisenbahn durch den Vorverkauf von Fahrkarten finanzieren.

Kosten der Produktionssteigerung nicht rückzahlbar

Ein einfaches, illustratives Beispiel mag diesen wichtigen Punkt verdeutlichen. Nehmen wir an, dass eine wöchentliche zusätzliche Verteilung von Waren im Wert von einer Million Pfund erwünscht ist und dass es dreißig Wochen vom Beginn bis zum Ende der Produktion dauert, bis die erste neue Million Pfund zum Verkauf erscheint, wonach jede Woche eine ähnliche Menge erscheint. Wenn die Produktionskosten über den Produktionszeitraum gleichmäßig sind, dann entspricht das Erscheinen der ersten neuen Million Pfund Reichtum nicht den Ausgaben von einer Million Pfund, sondern von fünfzehn Millionen Pfund - im Allgemeinen von der Hälfte des Produkts aus der Zeit in Wochen und der pro Woche produzierten Menge. Neben dem Fertigerzeugnis werden dreißig Wochen lang unfertige Erzeugnisse produziert, deren Wert von Null am Anfang bis zum vollen Wert am Ende reicht und im Durchschnitt die Hälfte des Wertes des Fertigerzeugnisses beträgt. All dies wird dem Wert des vorhandenen Geldes durch die Kreditvergabe an den Produzenten entnommen, ohne dass irgendjemand auf irgendetwas verzichtet. Das Geld verliert im Verhältnis zur Vermehrung an Wert, weil die Neuemission dem Markt den Gegenwert der Fertigwaren entzieht, ohne ihn wieder auf den Markt zu bringen. Was aber die fünfzehn Millionen Pfund an Zwischenprodukten betrifft, die es einbringt, *so muss diese Menge für immer dort bleiben*, da so viel eingebracht wird, wie herauskommt, es sei denn, der neue, erhöhte Produktionsumfang soll wieder auf das reduziert werden, was er am Anfang war.

Der Fall ist völlig analog dazu, wenn man mit der Verteilung von Erdöl durch eine neue Pipeline beginnt und es unterlässt, die zum Füllen der Rohre notwendige Menge zu berücksichtigen. Es muss immer mehr Öl hineingesteckt werden, als herauskommt, so dass dieser Teil des flüssigen absetzbaren Reichtums im Geldsystem genau als fixes Kapital verbucht und durch permanente Investitionen bezahlt werden muss, wobei der Markt der Konsumenten umgangen wird und das aus dem Produktionssystem ausgezahlte Geld direkt wieder hineingesteckt wird, ohne ihm etwas zu entziehen.

Austausch von Besitzern im Gegensatz zu mit der Schaffung von Reichtum

Bevor wir die Komplexität des Austauschs zwischen Reichtum und Geld verlassen, die durch den vagen Begriff "Zirkulation" eher vernebelt als geklärt wird und die Ökonomen zu allen möglichen Eindrücken über seine "Geschwindigkeit" und die Veränderungen geführt hat, die sich aus deren Zu- und Abnahme bei der Erhöhung und Verringerung der Produktionsrate des Reichtums ergeben, können wir der Vollständigkeit halber einige der weniger wesentlichen Vorgänge betrachten. Die Zweiteilung des Kreislaufs in eine Erzeuger- und eine Verbraucherseite ist ein Mittel, um die unwesentlichen Austauschvorgänge zu eliminieren, und es bleibt, diese zu betrachten. Es handelt sich dabei um den Wechsel der Identität der einzelnen

Eigentümer des Eigentums. Auf der Konsumentenseite finden alle möglichen Tauschvorgänge statt, vor allem in Bezug auf den dauerhaften Besitz, den Verkauf von Häusern, Grundstücken und Möbeln, und dasselbe gilt auf der Produktionsseite für Anlagen, Fabriken und Investitionen, die Eigentum oder Forderungen an das Produktionssystem darstellen. Es scheint auch nicht wichtig zu sein, dass Individuen, die Privateigentum besitzen, dieses gegen Kapitalanlagen tauschen können und umgekehrt, denn in solchen Fällen tauschen die Eigentümer die Seiten und lassen den Reichtum, wo er war. Die eigentliche Geldzirkulation unterscheidet sich von jedem bloßen Tausch von Eigentum dadurch, dass sie im Wesentlichen ein Tausch von Dienstleistungen für die Schaffung von neuem, fertigem Reichtum ist, und nur in diesem Tausch entsteht neuer Reichtum.

Die Geldmenge ist nicht berechenbar

Aber die Komplexität zeigt, dass es nicht möglich ist, im Voraus genau zu berechnen, wie viel Geld ausgegeben werden muss, um eine gegebene Steigerung der Produktionsrate zu verteilen. Man kann nicht einfach sagen, dass es immer so viel Geld geben muss, wie es Waren zu verkaufen gibt. Ein ähnlicher Punkt, auf den neuere Autoren aufmerksam gemacht haben, ist die größere Geldmenge, die durch die wachsende Komplexität der Produktionsmethoden und die Anzahl der verschiedenen Organisationen, die den Reichtum im Verlauf der Produktion nacheinander handhaben, im Produktionssystem "absorbiert" wird, was eine der Folgen der Arbeitsteilung ist. Wir müssen endlose Berechnungen dieser Art vermeiden.

Die Gewohnheiten und Gebräuche, die sowohl bei den Produzenten als auch bei den Verbrauchern vorherrschen, können nicht aus der Frage herausgenommen werden, welche Geldmenge vorhanden sein muss, um bei konstantem Preisniveau eine gegebene Produktion zu verteilen, oder wie diese Menge bei steigender Produktion erhöht werden muss. So würde es in dem gegebenen Beispiel nur dann eine Million Pfund neues Geld erfordern, wenn es, nachdem sich das System bei der erhöhten Produktion eingependelt hat, im Durchschnitt eine Woche dauerte, bis das Geld nach seiner Darbietung auf dem Markt der Verbraucher wieder dort ankam. Es ist kaum möglich, dies aus den Daten zu erraten, die es über ein Geldsystem gibt, in dem die Menge aus einer ständig schwankenden Minuszahl berechnet wird, und in dem die vorhandene Menge unbekannt ist , weil die Unterscheidung zwischen laufenden und zeitlichen Einlagen verwischt wird. Aus ähnlichen Gründen ist der Betrag der echten Investitionen, die als Vorleistung für den Aufbau des Systems zu einer höheren Leistung notwendig sind, völlig unberechenbar. Er hängt völlig von unzähligen durchschnittlichen Faktoren ab, von denen keiner mit Sicherheit bekannt ist, und zwar im Verhältnis zur Art der erhöhten Produktion, die die Öffentlichkeit verlangt, die wiederum im Voraus unbekannt ist.

Der Preisindex bestimmt die Geldmenge

Glücklicherweise ist es völlig unnötig, auf diese unbekannten Faktoren näher einzugehen, denn der Preisindex selbst regelt bei dem beschriebenen System die Geschwindigkeit, mit der das neue Geld ausgegeben wird. Wenn man davon ausgeht, dass das Geld nur auf Geheiß der

Statistiker ( ), die die Preisentwicklung beobachten, geschaffen oder gegebenenfalls vernichtet und dann als Steuererleichterung an die Verbraucher ausgegeben wird, wird der Preisindex nach denselben Prinzipien gesteuert, wie die Geschwindigkeit eines Motors durch den Lokführer gesteuert wird. Dieser kann unmöglich im Voraus die Gesamtheit der Faktoren abschätzen, die die Geschwindigkeit des Zuges beeinflussen, wie z. B. die Steigung, der Wirkungsgrad der Maschine, die Temperatur und der Druck des Dampfes usw. Er dreht einfach den Gashebel auf, wenn er schneller fahren will, und schaltet ihn ab, wenn er langsamer fahren will, und überlässt den Rest seinem Heizer. Die Produktion von neuem Reichtum mit den effizientesten und schnellsten Verfahren kann getrost dem Technologen überlassen werden.

Man braucht nur ein System, um neues Geld zu schaffen, wenn das Preisniveau sinkt und sich unverkäufliche Waren stapeln, und um es zu vernichten, wenn sie knapper werden und die Preise steigen. Dies ist im Rahmen des bestehenden Bankensystems nicht möglich, wohl aber in einem rationalen, wissenschaftlichen und nationalen System, das sich an den physikalischen Gegebenheiten orientiert, denen die Produktion und der Konsum von Reichtum entsprechen müssen. Sich etwas anderes vorzustellen, hieße, ein System beibehalten zu wollen, in dem Geld nicht zur Verteilung von Reichtum, sondern als Einnahmequelle ausgegeben wird. Wenn es eine Lektion gibt, die uns die Geschichte des Geldes lehrt, dann die, dass es die zersetzendste und gefährlichste Macht ist, die der Mensch je erfunden hat, wenn seine Ausgabe dazu dient, den Emittenten zu bereichern, ganz gleich, ob es sich dabei um den Staat, die Bank oder den Fälscher handelt. Wenn es so etwas wie einen gemeinsamen Willen oder ein gemeinsames Gespür für die Gefahr in einer Gemeinschaft gibt, muss diese Lektion unbedingt gelernt werden, bevor es zu spät ist.

Die verschwenderischen Kosten des Vertriebs

Doch bevor wir dieses Thema verlassen, sei noch einmal betont, wie sehr ein großer Teil der gegenwärtigen Anstrengungen der Menschheit auf die Anhäufung aller Arten von unnötigen Verteilungskosten gerichtet ist, um das Produkt zu verteilen und jeden an der begrenzten Produktion teilhaben zu lassen, die durch unser grundlegend falsches Geldsystem verursacht werden. Würden diese Kosten beseitigt, wie es auf natürliche Weise allmählich der Fall wäre, wenn immer genügend Geld zur Verfügung stünde ( ), um alles zu verteilen, was hergestellt werden kann, könnten wir nicht mit einer fünfundzwanzigprozentigen, sondern mit einer vier- oder fünffachen Steigerung des Wohlstands rechnen. Wie Sydney Reeve in seinen Schriften betont, werden über achtzig Prozent der Kosten im "Kommerz" durch einen völlig unnötigen Wettbewerb um den *Verkauf* von Waren aufgetürmt, während die Kosten für ihre Herstellung auf einen Bruchteil von einem Prozent gesenkt werden. Dies ist zweifellos die schwerwiegendste Folge davon, dass die orthodoxen Ökonomen den Austausch von Waren mit ihrer Herstellung verwechseln und sich um letztere überhaupt nicht kümmern.

Die Rolle des Geldes in Kurzform

Fasst man diese Darstellung als Buchhaltungsmechanismus zusammen, so stellt man fest, dass alles, was an Reichtum existiert, der den Verbrauchern nützt, durch die wahre

Zirkulation des Geldes durch das Produktions- und das Konsumsystem verbucht oder bezahlt wird, wobei das Geld aus dem ersteren für Dienstleistungen bei der Produktion von Reichtum ausgezahlt wird und wieder in das letztere zurückfließt, um den produzierten Reichtum herauszunehmen. Der vorhandene Reichtum ist die Differenz zwischen dem, was produziert wurde und dem, was konsumiert wurde, und dieser wechselt ständig den Besitzer durch mittels der Hin- und Herbewegungen des Geldes zwischen den einzelnen Verbrauchern, unabhängig von und ohne Wirkung auf die wahre Zirkulation. Was den Reichtum des Nutzens für die Produzenten betrifft, der demselben ständigen Wechsel der Eigentümer durch ähnliche Geldbewegungen unter den Produzenten unterliegt ohne Wirkung auf die wahre Zirkulation, und der ebenso wie der Reichtum der Konsumenten durch diese Zirkulation entsteht, so wird er streng genommen nicht verbucht oder bezahlt, sondern die Produktionskosten akkumulieren sich als permanente Schuldenlast auf dem Produktionssystem. Genauso verhält es sich mit dem gesamten Konsumentenvermögen, das sich im Produktionsprozess befindet, und die Tatsache, dass dieses letztendlich an die Konsumenten verteilt wird, spielt für die Bilanzierung keine Rolle, da die Wirtschaftssysteme kontinuierlich und ewig funktionieren müssen, ohne abgewickelt zu werden. Andererseits ist das Geld selbst ein Aktivum bei der Erstellung der Kostenbilanz, da es von seinen Besitzern als vollständige Zahlung akzeptiert und angesehen wird, obwohl es in Wirklichkeit ein Versprechen ist, in der Zukunft zu zahlen. Insofern steht das, was dafür in Form von Waren und Dienstleistungen aufgegeben wird - der virtuelle Reichtum - zur Verfügung, um einen Teil der im Produktionssystem anfallenden Kosten zu bezahlen, aber es kann im Allgemeinen nur ein kleiner Teil selbst der zuletzt betrachteten besonderen Kosten sein, nämlich derjenigen, die im Reichtum während der Produktion versunken sind. Kein Schema der Währungsreform kann richtig oder ein Geldsystem gesund sein, in dem nicht der gesamte vorhandene Reichtum in irgendeiner Weise, wie oben beschrieben, berücksichtigt werden kann.

KAPITEL VII

SCHULDEN UND SCHULDENTILGUNG

Zeitalter der Macht und nicht der Maschinen

Die älteren konventionellen Vorstellungen über den menschlichen Fortschritt, wonach dieser aus den Vorteilen der menschlichen Vereinigung und der Arbeitsteilung resultiert, die jedes Mitglied der Gemeinschaft in die Lage versetzen, durch die Ausübung einer spezialisierten Tätigkeit viel mehr zum gemeinsamen Wohlstand beizutragen, als es möglich wäre, wenn jeder für seinen eigenen Bedarf selbst sorgen müsste, sind zwar soweit richtig, berühren aber kaum die Ursprünge des grundlegenden Fortschritts, der in dem, was man das wissenschaftliche Zeitalter nennen sollte, erreicht wurde. Werkzeuge im weitesten Sinne wurden immer als die wahren Zivilisatoren betrachtet, die die Effizienz ihrer Benutzer bei den verschiedenen Aufgaben des Lebens steigern. Aber dieses Stadium haben wir hinter uns gelassen. Wer vom Maschinenzeitalter spricht, zieht das Pferd von hinten auf. Moderne Maschinen sind in der Regel stärkere, unermüdlichere und genauere Nachahmungen spezialisierter produktiver Funktionen des Menschen; und sie müssen genau wie der Mensch gefüttert werden. Wenn sie nicht mit Energie versorgt werden, sind sie so tot wie jede Leiche. Obwohl die Menschen noch nicht gelernt haben, sich direkt von Brennstoff zu ernähren, sollen während des Krieges einige tropische Flussdampfer mit Affennüssen betrieben worden sein, und nach dem Krieg soll den amerikanischen Farmern des Mittleren Westens geraten worden sein, ihren Weizen als Brennstoff zu verwenden, um den Preis hoch zu halten. Wissenschaftlich gesehen gibt es weniger Unterschied zwischen der Herstellung und der maschinellen Fertigung, als gemeinhin angenommen wird. In beiden Fällen ist die Energie der wichtigste Faktor. Ob sie nun von einem Menschen oder einem Tier stammt, das sich von Nahrungsmitteln ernährt, oder von einer Maschine, die mit Treibstoff gefüttert wird, ist im Hinblick auf das Ziel, die Produktion von Reichtum, von geringer Bedeutung.

Der Mensch im wirtschaftlichen Sinne existiert allein dadurch, dass er sich die Energie der Natur zunutze machen kann. Primitive Zivilisationen waren fast vollständig von ihrem Fluss abhängig. Sie nutzten die Sonneneinstrahlung, um Nahrung zu gewinnen und Zugvieh zu züchten, und zogen die Winde heran, um ihre Schiffe anzutreiben, und in geringem Maße auch die Flüsse, um ihre Wasserräder anzutreiben. Aber jetzt werden sie durch einen Energiespeicher ergänzt, der in Form von Brennstoffen aus der Zeit vor dem Erscheinen der menschlichen Fußspur auf der Welt angelegt wurde. Die Thermodynamik hat uns gelehrt, wie man die Wärme, die er bei der Verbrennung liefert, in mechanische Kraft umwandelt. Der primitive Arbeiter war der intelligente Transformator des Energieflusses der Sonne. Der moderne Ingenieur hat diese Funktion erweitert und den Arbeiter zu einem beträchtlichen Teil aus der Produktion verdrängt. Aber kein Mensch schafft die Energie, so sehr es auch den Anschein haben mag, dass er Reichtum schafft. Reichtum, im wirtschaftlichen Sinne der physischen Voraussetzungen, die das Leben ermöglichen und befähigen, ist immer noch in gleichem Maße wie früher das Produkt der Verausgabung von Energie oder Arbeit. Aber er wird heute größtenteils von brennstoffbetriebenen Maschinen produziert, die die für jeden Produktionsschritt notwendigen Bewegungen in einem automatisch wiederkehrenden Zyklus verkörpern, und nicht mehr von Individuen, die aus eigenem Willen und eigener Kraft arbeiten. Die Natur ist versklavt worden, und der Mensch kann, ja muss frei sein.

Geld Unbezahlbare Staatsverschuldung

In diesem Buch befassen wir uns in erster Linie mit dem Geld als Buchhaltungs- und Verteilungsmechanismus, der es ermöglicht, die verallgemeinerte und soziale Produktion reibungslos ablaufen zu lassen, indem er die Vorteile der menschlichen Vereinigung und der Arbeitsteilung mit der Verteilung des Produkts für den individuellen und persönlichen Gebrauch und Verbrauch verbindet. Es besteht nicht der geringste Zweifel daran, dass die Erfindung des Geldes, die die frühen patriarchalischen und feudalen Formen des Kommunismus verdrängte, ursprünglich die Freiheit des Individuums enorm vergrößerte. Die moderne Tendenz zum Kommunismus ist einzig und allein auf die Tatsache zurückzuführen, dass die primäre Funktion des Geldes, die Verteilung des gesellschaftlich produzierten Reichtums, durch eine völlig untergeordnete und fremde Funktion ersetzt wurde - die Frage, wie man Geld emittieren kann, um es zu einer Einnahmequelle für den Emittenten zu machen und es immerwährend zu verzinsen. Das wäre vielleicht verständlicher, wenn diejenigen, die ihren Reichtum für Geld hergeben, die Zinsen für die Emission erhalten würden, aber stattdessen zahlen sie sie! Er entsteht durch das gleichzeitige Auftauchen zweier gleicher Posten auf den beiden Seiten eines Bankbuchs, wobei auf der einen Seite dem Kreditnehmer die geliehene Summe gutgeschrieben und auf der anderen Seite belastet wird. Die Steuerzahler haben bisher eine ähnliche, aber entgegengesetzte Besonderheit der Buchführung in der volkswirtschaftlichen Gesamtrechnung nicht bemerkt. Sie erhalten jedes Jahr Leistungsverzeichnisse, aus denen die Ausgaben für Dienstleistungen ersichtlich sein sollen, wobei die größten Posten die Kommunalverwaltung und das Bildungswesen sind, die jeweils£ 48 Millionen kosten. Der größte Posten "Bankdienstleistungen"£ 100 Mio. oder so wird jedoch nicht aufgeführt. Auch in der Einnahmenrechnung fehlt der entsprechende Posten "Zinsen auf Waren und Dienstleistungen, die als Bankkredite erhoben werden"!

Kapitalschulden sind nicht rückzahlbar.
"Sparen" Konventionell

Abgesehen von dieser Unregelmäßigkeit haben wir gesehen, dass die Geldzirkulation in der Produktions- und in der Konsumtionshälfte des Kreislaufs zwar die Produktion und die Verteilung von Konsumgütern korrekt abbildet, indem sie den Begriff für den Reichtum verwendet, der den Verbrauchern zugute kommt, dass sie aber die Produktion von Kapital im Produktionssystem selbst als Schulden gegenüber den einzelnen Investoren abbildet, und diese Schulden häufen sich ständig an und können niemals zurückgezahlt werden, weil sie Ausgaben für Dinge darstellen, die niemals verteilt werden und, wenn sie es würden, für den Investor völlig nutzlos wären.

Es ist interessant, dass genau derselbe Fehler, nämlich Geld zu einer Schuld gegenüber privaten Unternehmen zu machen, obwohl es von Natur aus unbezahlbar ist ( ), in Bezug auf das Kapital auch der Grund für alle veralteten politischen und soziologischen Kontroversen zwischen Kapitalismus und Sozialismus ist. Als Erbe der unwissenschaftlichen und verworrenen Ökonomie der viktorianischen Ära herrscht in politischen Kreisen in dieser Frage im Zusammenhang mit Verstaatlichungen und ähnlichen Vorhaben die größte Verwirrung, auf die wir noch zurückkommen müssen. Aber wenn der Einzelne es nicht vorzieht, sich auf einen wohlwollenden Staat zu verlassen, der ihn im Alter unterstützt, muss er "sparen", und all dieses Sparen ist konventionell - einen Überschuss des Einkommens über die Ausgaben zu verleihen, um ihn später zurückzubekommen und in der Zwischenzeit ein Einkommen daraus als Zins zu erhalten. Aber es gibt keinen Reichtum außerhalb des Flusses oder der Einnahmen des Reichtums aus dem Produktionssystem. Das ist die Realität. Alles andere ist bloße Buchhaltung zwischen Schuldnern und Gläubigern. Es werden Ansprüche auf die Reichtumserträge akkumuliert, und zwar sowohl auf die Nutzung des produktiven Kapitals, die sich aus der Vermietung des Kapitals durch die Eigentümer an die Nutzer ergibt, als auch auf die Einnahmen des Staates, , die durch Steuern erhoben werden, um die Bedienung der von ihm aufgenommenen Kredite zu gewährleisten. Diese Kredite sind fast ausschließlich für nicht einkommenserzeugende Ausgaben bestimmt, nämlich zum größten Teil für zerstörerische Kriege und zum kleineren Teil für notwendige nationale Verbesserungen und Entwicklungen.

Notwendigkeit eines konstanten Preisindexes

Dies reicht aus, um ohne jedes weitere Argument zu diktieren, dass kein Währungssystem ehrlich oder des Vertrauens würdig sein kann, weder von der Gemeinschaft noch von anderen Nationen, die mit ihr wirtschaftliche Beziehungen unterhalten, das nicht einen unveränderlichen Preisindex beibehält. Dies wird durch die bitteren Erfahrungen der Kriegs- und Nachkriegsepoche jeden Tag deutlicher. Bevor die Menschen die heimtückischen Methoden des Schwindels durch die ständige Bewegung des Preisniveaus begriffen, gab es viele, die bereit waren zu argumentieren, dass, wenn die Produktionskosten durch wissenschaftliche Verbesserungen in der Herstellung sinken, der Preis der Waren in gleichem Maße fallen müsste. Auf diese Weise wird jede Schuld auf subtile Weise in ihrer Last erhöht und der Gläubiger in den Besitz eines unabgesprochenen Vorteils gebracht, ganz abgesehen von und zusätzlich zu dem, was in der Schuldverschreibung in Bezug auf Zinszahlung und Kapitalrückzahlung steht. Wenn man dies zulässt, dann wird das Wirtschaftssystem einfach zu einem Cockpit für den Kampf der Köpfe, in dem die Agenten und Vertreter der Gläubigerklasse darauf aus sind, wie die Banken etwas für nichts zu bekommen. Dies kann nur dadurch geschehen, dass diejenigen, die den Reichtum produzieren, mehr als bisher beiseite legen, um die gleiche nominale Menge an Schulden zu bedienen, und kann daher nur durch eine entsprechende Verringerung des Anteils derjenigen, die ihn produzieren, erreicht werden.

Es wird daher als selbstverständlich vorausgesetzt, dass das Geld der Zukunft eine konstante Kaufkraft in Bezug auf den Durchschnitt der Dinge haben muss, mit denen es von einem Jahrhundert zum anderen gekauft wird, bevor ein wirklicher Fortschritt möglich ist von dem gegenwärtigen schändlichen Bärengarten ständiger Konflikte nominell zwischen "Kapital" und "Arbeit", aber in Wirklichkeit zwischen Gläubigern und Schuldnern, zu dem die nationale schöpferische Organisation unter dem bestehenden unehrlichen Wirtschafts- und Währungssystem geworden ist.

Wie die Arbeitnehmer davon profitieren würden

Es wird natürlich sofort die Frage gestellt werden, zumindest von denjenigen, die eine Veränderung wollen, wie bei einem solchen System der Arbeiter von der Verbilligung der Produktionskosten durch zukünftige Verbesserungen profitieren wird. Es ist leicht einzusehen, dass er in diesem Maße den Vorteil verliert, wenn er den Nutzen, der sich aus niedrigeren Preisen ergeben würde, mit der Masse der bereits vorhandenen Gläubiger teilen muss.

Wenn andererseits verhindert wird, dass die Kosten im Zuge der Verbesserung der Bedingungen in der Industrie sinken, ist den Produzenten ein Markt für ihre maximale Produktion garantiert, solange diese der tatsächlichen Nachfrage der Öffentlichkeit entspricht. Die Ausgabe neuen Geldes ist unbegrenzt, solange arbeitslose Arbeitskräfte und Kapital zur Verfügung stehen, wenn sie richtig durchgeführt wird. Diese unbegrenzte Nachfrage nach Arbeit und Kapital würde die Verhandlungsmacht der Arbeitnehmer wiederherstellen, ohne dass es einer kollektiven Aktion bedarf, und weitaus wirksamer als diese, deren einzige wirksame Waffe, der Streik, den Lebensstandard der Arbeitnehmer am direktesten angreift, indem sie die Produktion sabotiert, aus der sowohl sie als auch die Gläubiger bezahlt werden. Gewöhnlich leiden die

Arbeiter , die weniger Rücklagen haben als diejenigen, die Ersparnisse angehäuft haben, am meisten unter dieser Art der Kriegsführung. Da die gesunkenen Produktionskosten zu einem stark erhöhten Umsatz führen und der Wettbewerb zwischen den Arbeitgebern um die Gesamtheit der verfügbaren Arbeitskräfte (wie während des Krieges) zunimmt, müssen die Löhne steigen, bis die letzteren einen angemessenen Anteil an den Einsparungen erhalten, die durch die erhöhte Produktion erzielt werden. Gleichzeitig sollte das dem neuen Geldsystem zugrunde liegende Prinzip in Bezug auf neue Kapitalschulden durchgesetzt werden. Es sollte keinem Unternehmen möglich sein, durch einen Federstrich seine nominale Verschuldung gegenüber seinen Aktionären zu erhöhen und ihnen neue Aktien auszugeben, ohne dass sie den vollen Wert an neuem Kapital einbringen. Aber es ist nur richtig, dass diejenigen, die das Verlustrisiko bei der Bereitstellung von Kapital für die Industrie auf sich nehmen, zusammen mit den Arbeitnehmern an der Steigerung des Wohlstands beteiligt werden. Diese Punkte werden jedoch tatsächlich dadurch abgedeckt, dass alle Schulden nach einer bestimmten Zeit gekündigt werden können, eine Regelung, die außerhalb des eigentlichen Geldes liegt, auf die aber am Ende dieses Kapitels als ein wesentliches Merkmal der neuen Sichtweise auf diese Fragen, die das physikalische Verständnis von ihnen gibt, zurückgekommen wird.

Regulierung des Geldes durch den Preisindex

Damit sind wir an dem Punkt angelangt, dass die erste Überlegung für das nationale oder allgemeine Wohlergehen ein Geld ist, das immer die gleiche durchschnittliche Menge der Dinge kauft, für die es eingesetzt wird. Ehrliche Menschen haben durch Ehrlichkeit alles zu gewinnen und nichts zu verlieren . Obwohl man nicht behaupten kann, dass die ideale Methode zur Festsetzung des Preisniveaus bereits ausgearbeitet ist, könnte man dieses Problem getrost einem uneigennützigen Büro von Statistikern überlassen, das in seiner Funktion den Büros für Normung oder, in diesem Land, dem National Physical Laboratory ähnelt, die die absolute Bestimmung der Standards für Gewicht, Länge und Volumen übernehmen und die tatsächlichen Gewichte und Maße, mit denen wirtschaftliche Transaktionen durchgeführt werden, überprüfen. In der Tat gibt es bereits genügend Erfahrungen mit der Bestimmung von Preisniveaus und Indexzahlen durch das Board of Trade und verschiedene andere Institutionen, um sicher zu sein, dass in der Praxis keine ernsthaften Schwierigkeiten auftreten würden.

Es muss daran erinnert werden, dass durch ein absolutes Verbot der ständigen willkürlichen Veränderung der Geldmenge zu jedem Zeitpunkt des Bestehens, von der das "Bankwesen" heute abhängt, und durch die Bekanntmachung und Festlegung der Geldmenge die eigentliche Ursache für die verhängnisvollen Schwankungen des Preisniveaus von vornherein beseitigt würde, und es ist völlig absurd, aus den Ereignissen der Vergangenheit auf die Zukunft zu schließen. Es ist offensichtlich, dass es unmöglich ist, ein konstantes Preisniveau unter einem Bankensystem aufrechtzuerhalten, in dem Geld willkürlich geschaffen und vernichtet wird, indem es in Form von Darlehen oder Krediten an die Industrie vergeben und zurückgezogen wird, wobei diese Darlehen nur in Vorbereitungen für die zukünftige Produktion versenkt werden können, und aus denen sowohl Zinsen als auch Gewinne erwirtschaftet werden müssen . Würde aber das Geld von der Nation nur dann als Steuererlass an die Konsumenten ausgegeben, wenn ein fertiger Reichtum zum Verkauf ansteht, der über das hinausgeht, was mit dem vorhandenen Geld ohne Preisverfall verkauft werden kann, dann könnten und würden keine nennenswerten Veränderungen im letzteren auftreten.

Ein einfacher Preisindex

Es bleibt zwar die technische Frage, welches Preisniveau festzulegen und wie es zu berechnen ist, aber in der stabilisierten Wirtschaftswelt, die sich daraus ergeben würde, scheint diese Frage von untergeordneter Bedeutung zu sein, verglichen mit dem Vorteil der Festlegung des Preises eines vernünftigen repräsentativen Durchschnitts der Dinge, für deren Kauf das Geld verwendet wird . Lässt man die Geldschöpfung als Mittel zur Erzielung von Zinsen weg und schafft sie für die Verbraucher, so wird das Wirtschaftssystem in ein definitives Gleichgewichtsverhältnis zwischen all den verschiedenen Faktoren eintreten, die die relativen Preise der verschiedenen Kategorien der immensen Vielfalt der gekauften und verkauften Dinge bestimmen. Es würde zu einem äußerst konservativen und stabilen System werden, das von dem, was es jetzt ist, überhaupt nicht mehr zu unterscheiden ist, da das Geld ständig aus einem Teil abgezogen wird, um in einen anderen injiziert zu werden, und die ganze Zeit die vorhandene Menge wie eine Ziehharmonika aufgeblasen und deflationiert wird.

Es scheint, dass für den Anfang ein einfacher Index, der beispielsweise auf den durchschnittlichen Lebenshaltungskosten eines Handwerkerhaushalts ( ) basiert, geeignet wäre. Es wäre die Aufgabe unparteiischer Statistiker, die die Tendenzen untersuchen, von Zeit zu Zeit darauf hinzuweisen, ob der Index im Allgemeinen verbessert und repräsentativer gestaltet werden könnte. Es scheint in jeder Hinsicht wünschenswert, die Indexzahl der Preise auf dem bestehenden Niveau zu stabilisieren, um eine anfängliche beunruhigende Spielorgie zu vermeiden. In jedem Fall würde ein durchschnittliches Wochen- oder Jahresbudget erstellt, das zu diesem Zeitpunkt die wichtigsten Posten der Lebenshaltungskosten der als typisch ausgewählten Familie separat darstellt. Zu jedem späteren Zeitpunkt sollten die gleichen Posten in den gleichen Mengen wie damals, wenn sie erneut zu den neuen Preisen berechnet werden, den gleichen Gesamtbetrag ergeben, wie sehr sie sich auch einzeln voneinander unterscheiden mögen, wenn sich das Preisniveau nicht ändert.

Das Statistische Amt

Dies veranschaulicht das Prinzip, obwohl natürlich in der Praxis die tatsächliche Arbeit des geplanten statistischen Amtes die gesamte Bandbreite der wirtschaftlichen Aktivitäten der Nation abdecken sollte. Eine seiner Aufgaben sollte darin bestehen, Daten nicht nur zu sammeln, sondern auch zu interpretieren und spezifische Anfragen zu beantworten, und zwar nicht nur für die Regierung, sondern auch für alle repräsentativen Organe, die sich mit der wirtschaftlichen Arbeit der Gemeinschaft befassen. Es sollte auf keinen Fall ein Regierungsministerium sein, genauso wenig wie die Justiz oder die Universitäten, oder unter einem von ihnen, und besonders nicht unter dem Finanzministerium. Das wäre ein fataler Fehler, denn das Schatzamt wäre das einzige Ressort, das direkt an den Gewinnen aus der Ausgabe von neuem Geld interessiert wäre. Die Versuchung, zu viel auszugeben und die Gläubiger zu betrügen, wäre dann immer gegeben. Das neue Geld darf nicht mit dem Ziel ausgegeben werden, eine Einnahmequelle zur Entlastung der Steuerzahler zu schaffen, auch wenn dies die notwendige Folge ist.

Das statistische Amt sollte nominell direkt der Krone oder dem obersten Staatsoberhaupt unterstellt sein, wer auch immer das sein mag, und in etwa die gleiche Stellung einnehmen wie das Nationale Physikalische Laboratorium, das als uneigennütziges Beratungsgremium mit bestimmten metrologischen Aufgaben betraut ist. Seine Empfehlungen sollten förmlich an das Parlament gehen und normalerweise automatisch umgesetzt werden.

Eine rekonstituierte Münzanstalt

Für die eigentliche Ausgabe des nationalen Geldes sollte die Münzanstalt wiederhergestellt werden, um nicht nur Münzen, sondern auch Papiergeld zu prägen. Die Ausgaben würden dem Schatzamt übergeben und zu den durch die Besteuerung erhobenen Beträgen hinzugefügt. Wie wir gesehen haben, ist die Ausgabe von Kreditgeld in Wirklichkeit eine Zwangsabgabe oder Steuer für die Allgemeinheit, und das Geld selbst ist die Quittung dafür, dass der Eigentümer dafür einen Gegenwert erbracht hat und auf Verlangen denselben Wert zurückerhält. Das Geld sollte die Aufschrift "Erhaltener Wert" anstelle von "Zahlungsversprechen" tragen und auch die Erklärung, dass es im Land der Ausgabe gesetzliches Zahlungsmittel ist. Es sollte von der Öffentlichkeit als ein Geld angesehen werden, das ausgegeben wird, um Zahlungen aufzuschieben, die sie andernfalls durch Steuern zu leisten hätten, und sie sollten verstehen, dass, wenn zu irgendeinem Zeitpunkt zu viel ausgegeben wird, es teilweise zurückgezogen wird, indem die aufgeschobene Besteuerung auferlegt und die erforderliche Geldmenge vernichtet wird, um zu verhindern, dass der Wert des Restes unter den Nennwert fällt. Das Geld würde dann zum ersten Mal öffentlich in seinem wahren Licht erscheinen als eine permanente, schwimmende, unverzinsliche Schuld oder Verbindlichkeit der gesamten Gemeinschaft gegenüber ihren Eigentümern, die auf Verlangen durch gegenseitigen Austausch innerhalb der Gemeinschaft in Waren und Dienstleistungen zurückgezahlt werden kann.

Kritik an Vorschlägen zur Verstaatlichung des "Bankwesens"

Abgesehen von den Anfangs- und Übergangsphasen, in denen es notwendig sein kann und wahrscheinlich auch sein wird, die bestehenden Kredite an die Produzenten fortzusetzen, bis sie sich selbst von den Schulden befreien können - was sie in einem ehrlichen Geldsystem schnell tun würden -, braucht die Nation nicht mehr Kredite an die Produzenten, sondern mehr Geld für die Konsumenten, und die richtige Art, dieses auszugeben, ist eine Entlastung der Steuerzahler im Allgemeinen. Die Vorschläge der Sozialisten, das Bankwesen zu verstaatlichen, zeigen, daß sie nicht einmal wissen, wie das System so zu handhaben ist, daß ein stabiles internes Preisniveau gesichert wird, das die *unabdingbare* Voraussetzung für jeden wirklichen Fortschritt in Richtung auf einen gerechten wirtschaftlichen Wohlstand ist. Sie scheinen zu erwägen, genau das zu tun, was die Banken jetzt tun, mit ruinösen Endkosten für die Industrien der Nation, mit dem einzigen Unterschied, dass die Gewinne für ihre verbessernden und wohltätigen Bemühungen verwendet würden. Es wird natürlich argumentiert werden, dass die Gewinne aus der Ausgabe neuen Geldes zur Unterstützung von Unternehmen verwendet würden, die der Öffentlichkeit *wirklich* zugute kommen. Dies ist jedoch ein Widerspruch in sich, da sie entweder wettbewerbsfähig sein müssen oder eine Form der staatlichen Förderung darstellen. Sie werden demjenigen zukommen, den die Regierung wirklich für geeignet hält, und das ist natürlich in erster Linie und die ganze Zeit, um sich selbst zu helfen, so wie es jetzt an und durch die Bank von England geschieht!

Die Sozialisten scheinen sich nie bewußt zu sein, daß das Volk selbst besser beurteilen kann, was es braucht, als jede Regierung, die es jemals in der Geschichte hatte oder in Zukunft bekommen wird. Die ganze Struktur der Wohltätigkeit, in der die Bedürftigen mit dem versorgt werden, was der allgemeine Steuerzahler zu leisten gezwungen ist, würde wie ein Kartenspiel zu Boden fallen, wenn jeder die Möglichkeit hätte, aus seinem eigenen Verdienst genügend für seine Bedürfnisse zu sorgen.

Vorbeugen ist besser als heilen

Vorbeugen ist besser als heilen, und die Welt wird von denen krank gehalten, die sie noch schlimmer machen wollen, damit sie die Möglichkeit haben, sie zu heilen. Das ist das erstaunlichste Merkmal der heutigen Welt. Die Dinge laufen schief, und immer wieder gibt es Interessen, die an der Heilung beteiligt sind. Die gesamte moderne Bürokratie ist mit den Folgen ganz elementarer und leicht verständlicher Fehler beschäftigt und es ist das Unpopulärste auf der Welt zu behaupten, dass die Menschen in Wirklichkeit viel besser in der Lage sind, für sich selbst zu sorgen, als es denen zu überlassen, von denen ihre Krankheiten gepflegt werden. Das Ausmaß der Arbeitslosigkeit, das sich aus der Verhinderung der bekannten Fehler ergeben würde, die die wissenschaftliche Zivilisation auf die schiefe Bahn gebracht haben, ist erschreckend, wenn man sich das vorstellt. Es würde bedeuten, dass die meisten der Leute, die uns heute Dinge verkaufen wollen, ihre Dienste für deren Herstellung zur Verfügung stellen müssten, und dass die meisten derjenigen, die ihren Lebensunterhalt damit verdienen, sich mit den Angelegenheiten des Staates zu beschäftigen, sich in aller Ruhe um ihre eigenen kümmern müssten. Es ist ein uralter Kampf zwischen der hippokratischen Weisheit der Heilung und der äskulapianischen Pflege der Gesundheit, der heute allgemeingültig geworden ist, kurz gesagt: Quacksalberei *gegen* Wissen. Setzen Sie die Energieflut, die der Technologe jetzt unter Kontrolle hat, in Quellen des Lebens und der Muße frei, und die Welt würde sich schnell von dem Unkraut kurieren, das in ihrem ausgehungerten Boden gedeiht.

Zinsen auf Schulden

Obwohl die sich anhäufende Schuldenlast der individualistischen Gesellschaften im engeren Sinne außerhalb liegt, ist das Thema so sehr mit ihr verbunden und für die Zukunft dieser Gesellschaften so entscheidend, dass es nicht ignoriert werden kann. Die physikalische Erklärung ist der sehr viel höhere Arbeitsaufwand für die Werkzeuge oder Anlagen, die für die Energieerzeugung benötigt werden, als bei primitiven Methoden. Die enorme Kapazität der modernen Antriebsmaschinen ermöglicht zwar eine Produktion in entsprechendem Umfang, doch gleichzeitig übersteigt die Bereitstellung der erforderlichen Anlagen die Möglichkeiten des Einzelnen. So entstand die

Aktiengesellschaft, durch die die Ersparnisse einer großen Anzahl von Menschen in einem einzigen Unternehmen genutzt werden konnten.

In keinem Bereich gibt es eine so totale Umkehrung der Vorstellungen, indem man von einer Mangelwirtschaft zu einer Überflusswirtschaft übergeht, wie bei den Schuldzinsen.

Erstens wäre es völlig falsch anzunehmen, dass es irgendeine physikalische Grundlage für die so genannten Gesetze des Zinses, des einfachen und des Zinseszinses, gibt. Das erste Gesetz gilt, wenn die Zinsen regelmäßig gezahlt werden, und das zweite, wenn sie nicht gezahlt werden, sondern sich ansammeln und selbst Zinsen tragen. Diese Gesetze sind im Ursprung rein mathematisch. Es werden bestimmte Annahmen getroffen und die Folgen quantitativ berechnet. Das ist alles. Worauf genau diese Annahmen hinauslaufen, abgesehen von der Vereinbarung, dass ein Individuum einem anderen so und so viel Zinsen pro Jahr für die Nutzung von so und so viel Kapital zahlt, kann niemand sagen. Es handelt sich um rein willkürliche und konventionelle Vereinbarungen ohne jede notwendige materielle Rechtfertigung. Die Rechtfertigung, die für den Zins angeboten wird, ist in der Regel eher eine vage biologische als eine physikalische, in Anlehnung an den Zuwachs in der Landwirtschaft, wo jeder Samen das Dreißig-, Sechzig- oder sogar Hundertfache hervorbringt. Unter kann jedoch jeder die theoretische Grundlage des Zinses in Frage stellen. In der Praxis gibt es jedoch keinen Grund, warum jemand selbst auf den Konsum verzichten sollte, um einem anderen etwas zu leihen, es sei denn, er zieht daraus einen Vorteil. Wie wir jedoch gesehen haben, ist der Einzelne, wenn er nicht darauf vertrauen will, dass seine grauen Haare durch das Wohlwollen der Regierungen gestützt werden, gezwungen, in der Blütezeit seiner Macht zu sparen. Gewöhnlich gibt es viele ähnliche Gründe, wie z.b. die bessere Ausbildung ihrer Kinder, wenn sie erwachsen werden, und die Versicherung gegen Unfälle, die auch ohne den Anreiz des Zuwachses zwingend genug sind. Die sich abzeichnende Erkenntnis ist der Grund für viele vorgeschlagene Reformen.

Wenn Inkrement vorwärts blickend dann Dekrement rückwärtsgerichtet

Ein Korrespondent, Basil Paterson aus Edinburgh, unterbreitete dem Autor während der Abfassung dieses Buches einen interessanten Vorschlag, der zumindest darauf hinweist, wie rein willkürlich die herkömmliche mathematische Behandlung des Zinses wirklich ist. Sein Argument beruhte auf einer Überlegung wie der folgenden. Auch wenn vereinbart wird, in einem Jahr, sagen wir,£ 5 für die Nutzung von geliehenen 100 £ zu zahlen, ist dies nicht dasselbe wie die Vereinbarung, am Ende des zweiten Jahres eine weitere Zahlung zu leisten. Vielmehr muss der Wert der 100 Pfund am Ende des ersten Jahres auf den gegenwärtigen Wert von 95 Pfund abgezinst werden, so dass die Zinsen für das zweite Jahr fünf Prozent von 95 Pfund betragen müssen und so weiter . Und wer will ihm das verwehren? Das scheint dem Geldverleiher ein wenig von seiner eigenen Medizin zu geben. Er rechnet vor, dass dies zur Folge hätte, dass das Gesetz über die Zinseszinsen auf das Gleiche reduziert würde wie das derzeitige Gesetz über die einfachen Zinsen. Bei letzterem würden, wenn man das obige Beispiel nimmt und die Zinsen als Bruchteil statt als Prozentsatz ausdrückt, die aufeinanderfolgenden jährlichen Zinszahlungen ein Zwanzigstel, ein Einundzwanzigstes, ein Zweiundzwanzigstes, ein

Dreiundzwanzigstes, ein Vierundzwanzigstes und so weiter betragen, was nach achtzig Jahren ein Hundertstel oder ein Prozent ergibt. Eine der geltend gemachten Anwendungen ist das Pfandleihgeschäft, bei dem der niedrigste Zinssatz, der sich lohnt, zu einem Wucherzins wird, wenn er sich über einen längeren Zeitraum erstreckt, was durch die oben beschriebene Schätzungsmethode korrigiert werden könnte.

Das Patersonsche Zinsgesetz
Diskontierung des Kapitals

Es ist von Interesse, die höhere Mathematik auf die obige Idee anzuwenden und statt des schrittweise in jährlichen Intervallen anfallenden Zuwachses eine unendliche Anzahl von infinitesimalen Perioden zu betrachten, um den Prozess kontinuierlich zu machen, anstatt ihn in jährlichen Schritten zu betrachten. Dies ändert nichts an dem Ergebnis, dass das Gesetz der Zinseszinsen auf diese Weise auf das gewöhnliche Gesetz der einfachen Zinsen reduziert wird, aber wir kommen so zu einem sehr einfachen Ergebnis für das Gesetz der einfachen Zinsen selbst. Unter diesen Umständen, da die Zeit unbegrenzt verlängert wird, nähert sich der Gesamtbetrag der aufgelaufenen Zinsen immer mehr dem Kapitalbetrag an und kann ihn nie übersteigen, egal wie lange das Darlehen dauert. Die für diesen Fall geltende mathematische Formel lautet

$$iT = -230\,26\,[log_{10}(1-f)]$$

wobei i der Zinssatz in Prozent pro Jahr, T die Zeit in Jahren und f der Anteil des Kapitals ist, der als Zinsen aufläuft. Hieraus und

Tabelle der einfachen Zinsen (neues Recht) für 100 Pfund Hauptforderung

Jahre multipliziert mit Satz % p.a.	Gesamtes Interesse (Neues Gesetz)			Ersparnis für den Schuldner (im Vergleich mit altem Recht)		
	£	s.	d.	£	s.	d.
1		19	11			1
2	1	19	7			5
3	2	19	1			11
4	3	18	5		1	7
5	4	17	6		2	6
6	5	16	6		3	6
8	7	13	9		6	3
10	9	10	4		9	8
15	13	18	7	1	1	5
20	18	2	6	1	17	6
25	22	2	5	2	17	7
50	39	6	11	10	13	1
100	63	4	5	36	15	7
184'14	86	2	10	100	0	0
200	86	9	4	113	10	8
1000	99	19	11	900	0	1

einer Logarithmentabelle kann die neue Zinstabelle leicht konstruiert werden. In der obigen Tabelle sind in der mittleren Spalte die Zinsen pro 100 Pfund des Kapitals angegeben, in der ersten Spalte die Zeit in Jahren, multipliziert mit dem Zinssatz in Prozent pro Jahr, und in der letzten Spalte die Ersparnis für den Schuldner durch die neue Berechnungsmethode.

Die obigen Ausführungen machen deutlich, dass es bei niedrigen Zinssätzen und kurzen Laufzeiten nur einen geringen Unterschied gibt, bei hohen Zinssätzen und langen Laufzeiten ist der Unterschied jedoch enorm. Der Urheber des Systems wies darauf hin, dass sein offensichtlicher Einwand darin besteht, dass es den Anleger dazu ermutigt, sein Geld jedes Jahr zu entnehmen und neu anzulegen, was jedoch bei dauerhaften, langfristigen und nicht tilgbaren Darlehen wie der Staatsverschuldung völlig unmöglich ist. Würde es auf diese angewandt, würde es wahrscheinlich anstelle des später erwähnten einfachen Tilgungsplans ausreichen. Eine andere Möglichkeit wäre, die Zinszahlungen zum normalen Satz fortzusetzen und die Differenz (oben in der letzten Spalte) als Tilgungsfonds zu betrachten. Bei dieser Berechnungsart würden die Zahlungen wie jetzt für eine begrenzte Zeit zu einem einheitlichen Satz erfolgen und dann eingestellt werden. Diese Zeitspanne wird nach diesem Gesetz mit einhundertvierundachtzig und einem siebenundzwanzigsten Jahr, geteilt durch den in der obigen Tabelle angegebenen Zinssatz von einem Prozent pro Jahr, angegeben.

Gesells Ideen der Selbstentwertung
Geld selbst abzuschreiben

Ein viel weitreichenderer Vorschlag ist der des Geldreformers Silvio Gesell, der dafür sorgen will, dass alles Geld mit der Zeit an Wert verliert, beispielsweise fünf Prozent pro Jahr oder einen Penny pro Pfund pro Monat. Als gesetzliches Zahlungsmittel würde es nur dadurch aufrechterhalten, dass es regelmäßig wie eine Versicherungskarte abgestempelt wird. Wenn die Öffentlichkeit dies dulden würde, und sie scheint diese Art von Regierungserlass geradezu zu lieben, hätte dies sicherlich einige bemerkenswerte Folgen. Es wird behauptet, dass sich dadurch die gesamte Zinsskala um fünf Prozentpunkte nach unten verschieben würde, und zwar in

dem Sinne, dass wir dort, wo wir jetzt vier Prozent für einen
Kredit zahlen müssen, ein Prozent dafür bekommen, dass
wir dem Eigentümer das Geld abnehmen und ihm die fünf
Prozent Verschlechterung ersparen. In diesem Fall würde
die gesamte Kreditaufnahme für staatliche und kommunale
Bauvorhaben zu einem Gewinn von einem Prozent und
nicht zu einem Zinssatz von vier Prozent erfolgen. Das
System wird derzeit von einer britischen Handelskammer
befürwortet und dürfte sich in kommunalen, wenn nicht gar
Regierungskreisen als äußerst populär erweisen. Gesells
ursprüngliche Idee war es, zu verhindern, dass jemand Geld
hortet, seine "Umlaufgeschwindigkeit" zu erhöhen und die
Menschen, die über Geld verfügen, zu zwingen, es schnell
auszugeben. Aber die Möglichkeit, zumindest diesen Effekt
der Änderung der Basis oder der Bezugslinie, von der aus
der Zuwachs berechnet wird, von Null auf eine
fünfprozentige Dekrementierung, ist eine unabhängige
Betrachtung wert, da alle anderen Ergebnisse ebenso gut
gesichert wären, wenn Geld auf nationaler Ebene wie
beschrieben ausgegeben würde, ohne es verrotten oder
entwerten zu lassen.

Einwände

In diesem Buch wird die Auffassung vertreten, dass Geld
ein bindender Vertrag zwischen dem Eigentümer ist, der
umsonst, nicht einmal gegen Zinsen, auf die Nutzung von
Gütern und Dienstleistungen für die Gemeinschaft
verzichtet hat, und dass er nach allgemeiner Gerechtigkeit
genauso viel zurückerhalten sollte, wie er aufgegeben hat.
Wenn das Geld mit einer jährlichen Steuer von fünf Prozent
( ) belegt würde, käme der Gemeinschaft ein Einkommen
zugute, das dem ähnelt, das sie erhalten würde, wenn die
Nation anstelle eines Bankzinses von, sagen wir, fünf

Prozent auf die Emission das Geld im Tausch gegen vernichtete Staatsschuldtitel ausgäbe oder stattdessen fünf Prozent von den bestehenden Kreditnehmern anstelle der Banken verlangte. Damit soll nicht in Abrede gestellt werden, dass der Staat beides tun könnte, d.h. die Gewinne aus der Emission, die sich jetzt die Banken aneignen, selbst einnehmen und dann eine jährliche Unterhaltssteuer oder Stempelsteuer von fünf Prozent erheben, um das Geld am Laufen zu halten. Aber es scheint wirklich überhaupt keine Rechtfertigung für die Besteuerung des Tauschmittels zu geben, und obwohl es auf den ersten Blick schwierig sein mag, Mittel zu finden, um die Zahlung zu umgehen, würde es sicherlich einen starken Anreiz für den Erfindergeist darstellen, dies zu versuchen. In dieser Hinsicht scheint es darauf angelegt zu sein, genau das Gegenteil von dem zu bewirken, was beabsichtigt ist. Die Menschen würden versuchen, die Annahme zu verweigern, genauso wie sie gezwungen wären, es auszugeben, und obwohl es sie zugegebenermaßen in Schwierigkeiten bringen könnte, wäre der Anreiz, das Geld so wenig wie möglich zu verwenden und zu diesem Zweck gegenseitige Absprachen zu treffen, genauso groß wie der Anreiz, es auszugeben, sobald sie es erhalten. Im Gegensatz dazu würde bei dem hier vorgeschlagenen Plan das Horten einfach keine Rolle spielen, denn es hat, wie gezeigt wurde, den Effekt, dass die Zahlung der Steuern auf unbestimmte Zeit verschoben wird, da mehr Geld ausgegeben würde, um die Zunahme der Hortung auszugleichen , wenn sie auftritt. Anstatt das Geld noch mehr zu einer hektischen Quelle von Angst und Eile zu machen, würde der hier favorisierte Plan das Kreditgeld zu einem unschätzbaren sozialen Mittel machen, um die Menschen von künstlichen finanziellen und damit verbundenen Sorgen und den verkehrten Illusionen über Geld zu befreien, die durch das gegenwärtige System gefördert werden.

Die Möglichkeit einer willkürlichen Senkung der Zinssätze

Die Möglichkeit, um nicht zu sagen die Wünschbarkeit, die Bezugslinie, von der aus der Zuwachs berechnet wird, auf einen Wert unter Null zu verschieben, um mit einem anfänglichen Rückgang zu beginnen, scheint nicht gegen den im Grunde rein willkürlichen Charakter des Zinses in einem Zeitalter des potenziellen Überflusses zu verstoßen, sondern ihm vielmehr zu entsprechen. Im Großen und Ganzen hat das Bankensystem in den Tagen der Knappheit, als die Steigerung der Produktion im Vordergrund stand, die Null-Linie von Null auf fünf Prozent oder so über Null verschoben, indem es Geld als Schuld an sich selbst emittierte; jetzt, wo der Schwerpunkt auf der Steigerung des Konsums liegt, scheint es nicht unpraktikabel zu sein, Mittel zu finden, um die Null-Linie durch eine Steuer oder Abgabe auf den Besitz des Geldes zu senken. Im einen Fall mussten die Schuldner fünf Prozent pro Jahr zahlen, um es ins Leben zu rufen, und im anderen Fall müssen die Besitzer fünf Prozent pro Jahr zahlen, damit es nicht verschwindet!

Die wahrscheinliche Auswirkung auf die Erhöhung der Kapitalverschuldung

Eine weitere Bemerkung zu diesem Aspekt der Gesell-Regelung sei jedoch gestattet.

Obwohl es keinen Grund gibt, daran zu zweifeln, dass sie zumindest eine gewisse Wirkung auf die Senkung des allgemeinen Zinssatzes haben würde, ist nicht so klar, wie die relative Wirkung in Bezug auf nichtproduktive Schulden (entweder alte oder neue) und produktives

Kapital aussehen würde. Auf den ersten Blick scheint es, dass es zu einer raschen Rückzahlung bestehender Schulden führen müsste, soweit die Bedingungen der Anleihe es zulassen, durch den Kauf mit vorhandenem Geld, um der Steuer zu entgehen, und ihre Ersetzung durch unverzinsliche oder sogar leicht besteuerte Schulden. Im Falle des produktiven Kapitals ist das Geld jedoch nur ein Vermittler, und das produktive Kapital liefert einen Ertrag an realem Reichtum, der nicht so leicht durch Besteuerung umverteilt werden kann, wie die Auswirkungen der sogenannten sozialistischen Gesetzgebung des letzten halben Jahrhunderts überdeutlich zeigen. Da die für Investitionen zur Verfügung stehenden Mittel begrenzt sind, würden kluge Menschen daher eher produktive Unternehmen als unproduktive Ausgaben zeichnen, d.h. eher "Industriewerte" als Staats- und Kommunalanleihen. Auch wenn dies zu einer Senkung des Zinssatzes für neue Investitionen in der Industrie führen sollte, würde dies auf Kosten einer entsprechenden Aufwertung der Kapitalwerte bei den bestehenden Schulden gehen. Was die nicht-produktive Klasse der Anleihen betrifft, so dürften sie, wenn sie nicht rückzahlbar sind, wahrscheinlich auch im Tauschwert steigen, und in geringerem Maße, wenn sie rückzahlbar sind. "Oh, was für ein verworrenes Netz wir weben , wenn wir uns zuerst darin üben, zu täuschen." Ist dies wirklich die Art von Geldpolitik, die in einem großen wissenschaftlichen Zeitalter notwendig oder würdig ist?

Unkomplizierte Schuldentilgung durch Besteuerung

Der Plan des Autors zur Verringerung der Schuldenlast ist recht einfach. Er besteht darin, die Steuer, die auf das so genannte "unverdiente Einkommen" oder den Teil, der aus

Ersparnissen stammt, erhoben wird, für den Erwerb von Investitionen zu verwenden, und die Einnahmen aus dem so erworbenen Teil für denselben Zweck. Dies hat zur Folge, dass alle Schulden durch Abschreibung getilgt werden können. Es ist zweckmäßig, die für die vollständige Amortisation erforderliche Zeit in Zeiteinheiten auszudrücken, in denen das Kapital die Zinsen zurückgibt. Das heißt, die Zeiteinheit ist 100 geteilt durch i, wobei i der Zinssatz in Prozent pro Jahr ist - zwanzig Jahre für eine fünfprozentige Anlage, fünfundzwanzig Jahre für eine vierprozentige Anlage usw. In diesen Einheiten sind die Zeiten für verschiedene Einkommensteuersätze wie folgt: -

Steuersatz: Pfund.	6/	5/	4/	3/	2/	1/ - im

Einheiten der Zeit:	1'73	1'84	2'01	2'23	2'56
3'29					

Nimmt man als Beispiel den Steuersatz von 4s. pro Pfund, so beträgt die Zeitspanne 40'2 Jahre für eine Anlage mit einer Rendite von fünf Prozent und 50'25 Jahre für eine Anlage mit einer Rendite von vier Prozent pro Jahr. Bei diesem Steuersatz erfolgt die Rückzahlung zu etwa drei Vierteln durch Zinszahlungen auf den bereits zurückgezahlten Teil und nur zu einem Viertel durch Steuern.

Auf diese Weise würde das produktive Kapitalvermögen von , der Nation im definierten Sinne, automatisch zum Eigentum von , der Nation, nachdem es dem Eigentümer Zinsen zurückgegeben hat, die vom 1'73-fachen des Kapitals bei einem Steuersatz von 6s. bis zum 3'29-fachen bei einem Steuersatz VON IS reichen. Man kann es als Zinseszinsrückzahlung bezeichnen, da die Zinsen für den bereits erworbenen Teil nicht für die Staatsausgaben verwendet, sondern für den Kauf des Kapitals "gespart" werden. Für nichtproduktive Kapitalschulden wie die Staatsschulden, für die eher eine einfache als eine zusammengesetzte Tilgung in Frage käme, ist die erforderliche Zeit natürlich viel länger und beträgt für eine halbe Tilgung etwa siebzig Jahre bei einem Steuersatz von 4 s und einer Investition von 5 %. Da sich die Menge der nicht getilgten Schulden verringert, wird der Tilgungssatz proportional langsamer, so dass er sich theoretisch immer dem Nullpunkt nähert, aber nie diesen erreicht. In der obigen Abbildung wäre ein Prozent nach vierhundertsechzig Jahren noch nicht getilgt. In vielerlei Hinsicht ist der bereits erörterte Vorschlag von Paterson für die Tilgung dieser Klasse von nichtproduktiven Dauerschulden besser geeignet.

Die Verstaatlichung des Kapitals ist nationales "Sparen"

Die Hauptvorteile, die für das System geltend gemacht werden, sind, dass es mit dem physischen Abbau des akkumulierten Kapitalvermögens in Einklang stünde und es ermöglichen würde, veraltete und veraltete Anlagen durch private Unternehmen auf dem neuesten Stand zu halten. Aber in der Zukunft, wenn die bestehenden Schulden getilgt sind, würde der Nation ein Einkommen aus dem Besitz des Kapitals zufließen, das dann dazu verwendet werden könnte, der Nation nationale Dividenden zukommen zu lassen. Es braucht hier nicht weiter erörtert zu werden, außer um die Aufmerksamkeit auf sein neues Merkmal im Vergleich zu anderen sogenannten politischen Verstaatlichungsplänen zu lenken, die in Wirklichkeit nicht das Eigentum des Kapitals an die Nation übertragen, sondern es lediglich unter den einzelnen Eigentümern umverteilen, die lediglich multiplizierende Arbeitsmeister sind. Der Grund dafür ist, dass die Nation auch "spart", anstatt nur ihre Steuereinnahmen auszugeben.

Man wird sich fragen, wie der Schatzkanzler die Staatsausgaben bestreiten soll, wenn ein so großer Teil der Steuern für die Kapitaltilgung verwendet wird, und die Antwort lautet: aus den Quellen, die jetzt benutzt werden, um die Gemeinschaft durch eine verbessernde Gesetzgebung zu demoralisieren. Fast von dem Augenblick an, in dem das neue Geldsystem in Kraft tritt, würde die Arbeitslosigkeit aufhören, es sei denn, es handelt sich um die wirklich Arbeitsunfähigen, und es würde zu einer großen progressiven Ausweitung der Einnahmen aus dem produzierten realen Reichtum kommen, mit einem entsprechenden Anstieg des gesamten Steueraufkommens, wenn der Steuersatz unverändert bliebe. Anstatt dass das gesamte Kapital mit dem Alter verfällt und neue Erfindungen und Verbesserungen durch die Anhäufung dieser kolossalen, nicht rückzahlbaren Schulden blockiert werden, würde der Erlös aus der Tilgung in das Produktionssystem zurückfließen und zur Verfügung stehen, um die gesamte Wirtschaftsorganisation auf dem neuesten Stand zu halten, veraltete und verschlissene Gebäude und Anlagen zu ersetzen und die neuesten und zeitsparendsten Produktionsmethoden einzusetzen. Dabei würde die Nation als Eigentümerin eines immer größeren Teils des Kapitals durch das Ablösesystem nicht weniger profitieren als die Individuen, die es durch den Verzicht auf ihren eigenen Konsum in erster Linie bereitgestellt haben.

KAPITEL VIII

DIE PRAKTISCHE SITUATION

Steht die neue oder die alte Wirtschaft auf dem Kopf?

In diesem Buch wurde der Versuch unternommen, die größten Irrtümer der Vergangenheit kritisch aufzudecken. Eine Zivilisation mit wahrhaft grenzenloser Verheißung ist von der breiten Straße des Fortschritts abgekommen und in einen Morast von bodenlosem Betrug und Ausweichmanövern gestürzt, in dem sie nun ziellos umhertaumelt und sich abmüht, und aus dem es fraglich ist, ob sie jemals wieder auftauchen wird. Wenn es so notwendig war, die kalte, unpersönliche Sprache der Wissenschaft durch die Anprangerung betrügerischer Praktiken zu verstärken, dann deshalb, weil Verzögerungen gefährlich sind und diese Praktiken inzwischen allen Menschen guten Willens bekannt sein sollten, die bestrebt sind, einen weiteren Holocaust zu vermeiden.

Wir begannen unsere Untersuchungen, indem wir den gewöhnlichen Menschen aufforderten, seine natürliche Sichtweise auf sein eigenes Geld umzukehren und zu bedenken, wie er es bekommen hat (es ist nichts für etwas), anstatt seine spätere Verwendung für ihn zu betrachten, bei der er lediglich zurückbekommt, was er dafür aufgegeben hat. Sobald die Menschen auf diese Weise denken, beginnt das Geld selbst als das Gegenteil von dem zu erscheinen, was es angeblich ist, nämlich der Verzicht auf eine riesige Sammlung nützlichen und wertvollen Eigentums durch die Gemeinschaft, die voll berechtigt ist, es zu besitzen, und die jeder Einzelne nach Belieben besitzen kann, wenn auch in Wirklichkeit nur, indem er einen anderen dazu bringt, seinen Platz beim Verzicht einzunehmen.

Zweifellos erscheinen all diese Ideen zunächst als eine rein pedantische und absichtliche Umkehrung der natürlichen Betrachtungsweise des Problems. Aber man kann mit Sicherheit sagen, dass jeder, der einmal diesen Weg eingeschlagen und versucht hat, ihn zu beschreiten, nie wieder zurückgehen kann. Nichts auf der Welt kann jemals wieder ganz so aussehen wie vorher. Ist es die neue Sicht, die auf dem Kopf steht, oder die alte? Diese Schlangen hoffnungsloser und miserabel ernährter Arbeitsloser, die, würde man sie in einer Reihe aneinanderreihen, Schulter an Schulter, die Autostraße von Lands End nach John o' Groats säumen würden und die man zusammenpferchen müsste, um sie alle hineinzubekommen - sind sie ein Zeichen von Armut oder von Reichtum? Die vielen Spalten von Wertpapieren an der Börse, die sich täglich über die Seiten der Morgenzeitungen ausbreiten - sind sie wirklich ein Beweis für nationalen Wohlstand? Die Staatsverschuldung allein, etwa 8.000 Millionen Pfund oder 160 Pfund pro Mann, Frau oder Kind, die jeden Tag etwa eine Million an Zinsen einbringen - sind das Schulden oder Reichtum? Alles hängt von der Betrachtungsweise ab. Wenn wir die volkswirtschaftlichen Probleme verstehen wollen, müssen wir unsere konventionellen Vorstellungen völlig über Bord werfen und uns umdrehen, so wie wir es mit dem Geld selbst tun mussten, um es in seinem wahren Licht zu sehen.

Erst die Fülle, dann die Verteilung

Andererseits erscheint die aus dem vergangenen Zeitalter der Knappheit stammende allgemeine Mentalität, dass es nur eine begrenzte Menge an Reichtum auf der Welt gibt und dass alles, was jemand bekommt, auf Kosten eines anderen geht, und all das eifersüchtige Gezänk um den Anteil der gegensätzlichen Interessen an der Produktion anstelle einer gemeinsamen und loyalen Zusammenarbeit, um die Produktion größer zu machen und mehr mit weniger Arbeit bereitzustellen und zu verteilen, völlig verkehrt. In Bezug auf einen bestimmten Zeitpunkt ist es natürlich wahr, dass nur so viel zur Verteilung zur Verfügung steht und nicht mehr, aber in dem beabsichtigten Sinne ist es ungefähr so wahr, als ob jede im Krieg abgefeuerte Granate als eine weniger zum Abfeuern betrachtet worden wäre, und völlig unwahr. Reichtum ist ein Fluss, kein Lager, und so wie während des Krieges die Produktion von Rüstungsgütern stetig anstieg, je länger der Krieg dauerte, so könnte im Frieden die Produktion der Dinge, die zum Leben verbraucht und genutzt werden, ohne den monetären Würgegriff, kontinuierlich in jedem vernünftig gewünschten Ausmaß gesteigert werden. So wie es ist, tut im Durchschnitt wahrscheinlich nicht einmal jeder Fünfte etwas, um zu produzieren oder anderen zu helfen, das zu produzieren, was konsumiert wird, und die gesamte produktive Arbeit wird von einer kleinen Minderheit geleistet. Der Rest der erwerbstätigen Bevölkerung ist entweder damit beschäftigt, über den Preis zu verhandeln und zu versuchen, das Produkt an Leute zu verkaufen, die nicht genug Geld haben, um es zu kaufen, oder er verdient seinen Lebensunterhalt damit, die Produktion zu behindern und zu behindern. So ist es auch im internationalen Bereich: Steuerliche Verstrickungen aller Art werden errichtet, um den reibungslosen Austausch des Reichtums einer Nation mit dem einer anderen zu verhindern.

Die Einstellung der Öffentlichkeit zu den Kosten

Wenn es einen Bereich gibt, in dem ein Sinneswandel erforderlich ist, dann ist es die Einstellung der Öffentlichkeit zu den Kosten und ihre fehlgeleitete Leidenschaft für Billigkeit. Diese Haltung wird natürlich durch die künstliche Verknappung des Geldes hervorgerufen, aber worauf läuft sie hinaus? Heutzutage wird viel mehr für den Verkauf von Dingen ausgegeben als für ihre Herstellung. Obwohl jeder für seine Arbeit gut bezahlt werden will und der Preis nichts anderes ist als die Summe der Zahlungen, die vom Beginn der Produktion bis zum Verkauf geleistet werden, wollen die Menschen, sobald sie vom Geldverdienen zum Geldausgeben übergehen, unisono den Preis drücken und, wie die Banker, etwas umsonst bekommen. Am Ende zahlen sie im Durchschnitt wahrscheinlich doppelt so viel wie nötig und reduzieren ihren eigenen Verdienst auf die Hälfte, wobei drei Viertel der Kosten unnötige Kosten für kommerzielles Feilschen und Feilschen, konkurrierende Verkaufsorganisation und Werbung darstellen, die nicht ein Jota zum erhaltenen Wert beitragen. Die Kosten für den Vertrieb eines Produkts sollten ebenso wie die Kosten für seine Herstellung genau bekannt sein und durch eine effiziente Organisation auf ein Minimum gesenkt und nicht durch verschwenderischen und unnötigen Wettbewerb auf ein Maximum gesteigert werden. Es könnte sogar mehr getan werden, um den allgemeinen Lebensstandard zu erhöhen und allen ein größeres Einkommen und mehr Freizeit zu verschaffen, indem ein zunehmender Anteil derjenigen, die jetzt im Vertrieb und Verkauf tätig sind, in die Produktion umgelenkt wird, als durch die volle und effiziente Beschäftigung aller vorhandenen Arbeitskräfte und des Kapitals. Die Arbeitszeit und die Lohn- und Gehaltssätze sind rein traditionell. Der Achtstundentag, der den viktorianischen Arbeitgebern so ungeheuerlich erschien, wird bereits eher als Maximum denn als Minimum angesehen. Befreit man die Arbeiter von der Konkurrenz rückständiger und weniger zivilisierter Arbeiter, indem man die Börsen befreit, und stellt man automatisch genügend Geld zur Verfügung, um alle Waren und Dienstleistungen, die das Produktionssystem tatsächlich hervorbringt, zum tatsächlichen Wettbewerbspreis zu verteilen, so könnte die ganze Nation in viel größerem Umfang und mit viel weniger Arbeit als jetzt leben. Es ist müßig, Schätzungen abzugeben, die nur Vermutungen sind, obwohl eine Verfünffachung des Einkommens bei viel kürzerer Arbeitszeit, wie sie von einigen Technokraten in Amerika genannt wird, in Europa selbst für die heute lebenden Menschen nicht unangemessen in Reichweite zu sein scheint. Aber es ist weitaus besser, den Menschen genügend Geldmittel zur Verfügung zu stellen, damit sie ihr persönliches Leben und ihren Geschmack nach eigener Wahl pflegen können, als Freizeit, Bildung und Kultur zu professionalisieren und zu einer Quelle kommerzieller Gewinne zu machen.

Einmischung der Regierung in die Wirtschaft nicht hilfreich

Es mag viele geben, die der Ansicht des Autors widersprechen, dass, wenn das Geld von seinem Würgegriff auf die schöpferischen Funktionen der Gesellschaft befreit und zu seinem richtigen Platz als Verteilungsmechanismus zurückgeführt würde, und wenn durch Amortisation oder auf andere Weise die unbegrenzte Anhäufung kommunaler Schulden verhindert und die bereits angehäuften reduziert würden, nicht viel falsch am produktiven Wirtschaftssystem als solchem ist. Zweifellos wird man alle möglichen Befürchtungen hinsichtlich der Folgen hegen, aber nach Ansicht des Verfassers wird keines der Probleme, die *dann* auftreten könnten, schwer zu bewältigen sein, wenn sie denn auftreten. Ein Wirtschaftssystem ist notwendigerweise ein Gleichgewichtszustand, der die Handlungen der Individuen, aus denen es besteht, integriert, und das Ergebnis kann nicht anders als ein Durchschnitt aller Anstrengungen sein, die von den Individuen unternommen werden, um ihren persönlichen Lebensunterhalt so effizient und so wenig verschwenderisch wie möglich zu sichern. Mit einem besseren physischen Verständnis der nationalen Aspekte und der Konventionen, die der Ökonomie der Individuen zugrunde liegen, scheinen weniger und weniger Einmischung von Seiten der Regierung und mehr und mehr intelligente Leitung von Seiten derjenigen innerhalb des Systems selbst, die aktiv an der Arbeit der Versorgung und Befriedigung der wirtschaftlichen Bedürfnisse der Gemeinschaft beteiligt sind, erforderlich zu sein. Wenn zu viele Menschen versuchen zu "sparen", wird der Zinssatz fallen und es weniger vorteilhaft machen, dies zu tun, und wenn das Sparen nicht ausreicht, um das produktive Kapital zu erhalten und zu vermehren, wird der Zinssatz steigen, um dieser Tendenz entgegenzuwirken. In einem Zeitalter des Überflusses kann man diese Dinge getrost sich selbst regeln lassen, sobald das Geld- und Schuldensystem mit der physischen Realität in Einklang gebracht worden ist. Es ist die Schöpfung von Geld für spekulative Spiele, die diese Wahrheit verzerrt.

Eine fortschreitende Entwicklung der Industrie

Damit soll nicht geleugnet werden, dass es notwendig und wichtig ist, die Industrie aus ihrer derzeitigen Knechtschaft gegenüber dem Eigentum und aus dem letzten Rest wirtschaftlicher Unterwerfung oder Sklaverei zu befreien. Auf dieses Ziel sind die Pläne der Zunft-Sozialisten ausgerichtet. Die erbitterten Kämpfe des vergangenen Jahrhunderts werden nicht umsonst gewesen sein, wenn sie bei den Arbeitern und Angestellten eine Loyalität und ein Verantwortungsgefühl für sich selbst entwickelt haben, das sie mit Stolz der Arbeit der gesamten Gemeinschaft widmen sollten. Diese weiteren Fortschritte hängen jedoch alle von einem allmählichen und geordneten Wachstum ab, das in erster Linie nur durch eine Erhöhung des Lebensstandards erreicht werden kann. Dies wird durch den ständigen Streit und die Sabotage, die die Kämpfe der Vergangenheit gekennzeichnet haben und die in erster Linie auf unser völlig betrügerisches Geldsystem zurückzuführen sind, aufgehalten und vereitelt. Das Gleiche gilt für die gesamte Sozialgesetzgebung des vergangenen Jahrhunderts, die lediglich versucht hat, das durch das Geldsystem verursachte Leid zu lindern, ohne auch nur in einem einzigen Fall die Ursache intelligent zu bekämpfen. Aber all diese sozialen und politischen Probleme liegen außerhalb des eigentlichen Rahmens dieses Buches, dessen Hauptziel es war, die legitime Rolle des Geldes darzulegen, das bestehende System, so wie es sich entwickelt hat, getreu zu behandeln und zu zeigen, wie es jede Bemühung, einen gesünderen und glücklicheren Zustand herbeizuführen, vereitelt. Was auch immer die Erfahrung an weiteren sozialen Veränderungen diktieren mag, kein unvoreingenommener Forscher, der sich heute mit dem Thema Geld befasst, kann sich lange der

Schlussfolgerung entziehen, dass es keine Hoffnung auf Frieden, Ehrlichkeit oder Stabilität in dieser Welt geben kann, solange das System nicht drastisch verändert und seine Fehler nicht beseitigt werden.

Währungsreform zuerst

So wünschenswert und notwendig es auch sein mag, die politische, soziale und wirtschaftliche Maschinerie des modernen Staates zu überholen, um den neuen Möglichkeiten des Lebens, die der moderne wissenschaftliche Fortschritt mit sich bringt, Raum und Freiheit zur Entfaltung zu geben, so sind doch die besonderen Schwierigkeiten, die diesen Fortschritt begleitet haben, nicht unmittelbar darauf zurückzuführen, dass er durch alte Denkgewohnheiten, sondern durch die neuen und völlig falschen Vorstellungen über das Geld behindert wurde. In dieser Hinsicht ist es notwendig, zur grundlegenden Basis des Geldes als etwas zurückzukehren, das keine Privatperson für sich selbst erschaffen darf. Alle sollten gleichermaßen für Geld den Gegenwert in Waren und Dienstleistungen aufgeben müssen, bevor sie es erhalten können. Was wir heute haben, ist genau genommen gar kein Geldsystem, und das heutige Geld als etwas, das immer durch Kreditaufnahme und Rückzahlung geschaffen und vernichtet wird, ist ein neues Phänomen in der Geschichte. So sind auch all die bekannten Übel des Tages neu in der Geschichte . Sie sind alle Folgen eines falschen Geldsystems. Das ständige Anwachsen der Arbeitslosigkeit ist ein Beispiel dafür. Die Macht der Beschäftigung wird letztlich nicht durch den Besitz von Geld gegeben, sondern durch den Besitz der physischen Notwendigkeiten, die der Arbeiter im Laufe seiner Beschäftigung benutzt und verbraucht. Anstatt dass diese nur von Menschen erworben werden können, die selbst auf gleichwertige Güter oder Dienstleistungen verzichtet haben, wird der Bestand an Arbeitsmitteln der Nation ständig durch Unterschlagungen erschöpft, die sich nur durch ihre Universalität und ihr kolossales Ausmaß von den kleinen Betrügereien der Geldfälscher und Notenfälscher unterscheiden. Die moderne Arbeitslosigkeit ist, wie das moderne Geld, ein neues Phänomen. Kein Mensch, der die physikalische Bedeutung dessen, was heute in der Wirtschaftswelt durch die willkürliche private Geldschöpfung und -vernichtung geschieht, wirklich versteht, kann sich darüber wundern, dass die Welt so nahe an die Katastrophe herangerückt ist.

Selbst ein Schuljunge versteht den Unterschied zwischen dem Verleihen an einen anderen, was bedeutet, auf sich selbst zu verzichten, und dem Verleihen dessen, was einem anderen gehört, um nicht auf sich selbst verzichten zu müssen. Wirtschaftswissenschaftler schreiben immer noch so, als ob die Nation um der Banken willen existiere und die Öffentlichkeit dadurch angemessen entschädigt würde, dass die Banken von ihren normalen Kunden keine Gebühren für ihre Dienste bei der Führung ihrer Konten verlangen. Aber den Banken kann man wohl kaum vertrauen , wenn es darum geht, über die wirtschaftliche Lage einer großen Handels- und Industrienation zu beraten. Der Normalbürger wird zumindest die Bedeutung von Ehrlichkeit im Geldsystem zu schätzen wissen, auch wenn er die Schwierigkeiten, die der Nation dabei im Wege stehen, wahrscheinlich stark überschätzt.

Das bestehende System im Spannungsfeld eines Dilemmas

Von denjenigen, die grundsätzlich gegen jede Reform sind, die das interne Preisniveau stabilisieren und die ständigen Wertschwankungen des Geldes verhindern würde, von dem sie durch irgendeine Form der Bestechung leben, wurde die Frage bisher als Alternative zwischen der Festsetzung des internen Preisniveaus oder der Festsetzung der Devisen dargestellt. In Wahrheit wollen diese Interessen, dass die Banken weiterhin Geld für ihre eigenen und ähnliche Zwecke schaffen können, ohne sich um echte Kreditgeber bemühen zu müssen. Sie wollen einen gewissen vorhersehbaren anfänglichen Preisanstieg, wobei die Börsen den Wert *nach einer* Preiserhöhung wieder auf die Parität zurückführen sollen. Sie wollen, dass die Banken, die ihnen das Geld umsonst zur Verfügung stellen, es vernichten, nachdem sie von der Verwendung des Geldes profitiert haben. Aber wenn das erste verhindert würde, wäre die Frage der Börsen sehr viel weniger wichtig.

Gewiss, wenn es den Banken weiterhin freisteht, das interne Preisniveau durch fiktive Kredite anzuheben, und wenn dieses nicht periodisch mit Hilfe raffinierter Methoden zur Festsetzung der Börsen wieder gesenkt wird, werden alle unsere Importe proportional teurer werden, ebenso wie der Wert des heimischen Geldes entwertet wird, und unsere Investitionen im Ausland werden dadurch proportional im Wert sowohl des Kapitals als auch der Zinsen reduziert werden. Für die Gegenwart gilt natürlich das Gegenteil. Die Geldpolitik, die zugunsten der inländischen Rentiers betrieben wird, wirkt sowohl gegen die ausländischen als auch gegen die inländischen Schuldner und erweist sich als ein mächtiger zersetzender Einfluss innerhalb des Reiches.

Diese Nation hat nur sich selbst die Schuld zu geben, wenn ihre ausländischen Schuldner in Konkurs gehen oder andere Mittel finden, um sich ihrer künstlich aufgeblähten Last ganz zu entziehen.

Das gängige Argument für die Bindung der Wechselkurse ist, dass die Nahrungsmittel der Nation, die sie mit den Zinsen vergangener Investitionen zum großen Teil aus dem Ausland kauft, sonst gefährdet wären. Aber als Argument gegen die Ausgabe von eigenem Geld durch die Nation ist es lächerlich. Es ist das bestehende System, das sich ständig in einem Dilemma befindet und nicht weiß, wie es das interne Preisniveau beeinflussen soll, ohne die Auslandsinvestitionen zu gefährden. Verhindern Sie das erste und das zweite wird nicht eintreten.

Die wirtschaftliche Notwendigkeit von Grenzen

Dennoch wird es nach wie vor sehr mächtige Interessen geben, die für die Festsetzung der Börsenpreise und nicht des internen Preisniveaus eintreten. Sie werden sich das so ausgedacht haben. Wenn die Börsen frei sind, richten sie sich natürlich gegen das Land , in dem die Waren am teuersten zu produzieren sind, und für das Land, in dem sie am billigsten sind, und verhindern so, dass die Märkte der ersteren der Konkurrenz der letzteren ausgesetzt werden. Beim Überschreiten der Grenze passt sich das Geld dann automatisch an die Lebenshaltungskosten im neuen Land an. Sind die Lebenshaltungskosten im neuen Land niedriger, verliert das Geld an Kaufkraft, sind sie höher, gewinnt es an Kaufkraft, so dass es immer in der Lage ist, auf jeder Seite der Grenze in etwa die gleichen Güter zu kaufen. Nach den gewöhnlichen finanziellen und pekuniären Grundsätzen der Rentiers und Bankiers scheint dies jedoch falsch zu sein und sollte ihrer Meinung nach durch irgendeine Art der Festlegung der Wechselkurse korrigiert werden. Es erscheint absurd, dass eine Person, die über ein festes Geldeinkommen verfügt, beim Überschreiten der Grenze von einem Land, in dem die Waren teuer und der Lebensstandard und die Löhne hoch sind, nicht besser gestellt ist als vor ihrer Auswanderung in ein Land, in dem die Waren billig und der Lebensstandard und das Lohnniveau niedrig sind.

Das Argument läuft im Grunde auf Folgendes hinaus. Dass jemand, der in einem Land gespart hat und ein bestimmtes Einkommen hat, in der Lage sein sollte, sich in ein anderes Land zu begeben und sein Einkommen dort auszugeben, wo er am meisten dafür bekommt - dass er in der Lage sein sollte, es auf dem höchsten Markt zu verdienen und auf dem niedrigsten Markt auszugeben. Grenzen, die einen Schutz für diejenigen darstellen, die ihren Lebensunterhalt verdienen müssen, sind ein Hindernis für diejenigen, die dies nicht tun. Die ganze Propaganda für die Vereinigung der ganzen Welt in einer einzigen Bruderschaft, während sie sich alle noch auf verschiedenen Stufen der Entwicklung und des Lebensstandards befinden, entspringt zwar zweifellos einem falschen idealistischen religiösen Gefühl, wird aber eifrig von denen gefördert, die ihren Lebensunterhalt nicht verdienen müssen oder, wenn doch, das, was sie verdienen, in einem anderen Land ausgeben wollen. Der Unterschied zwischen der Freigabe der Börsen und dem Versuch, sie zu stabilisieren, besteht darin, dass diejenigen, die sich in einem fremden Land aufhalten wollen, zwar nicht daran gehindert werden, aber auch keinen wirtschaftlichen Vorteil daraus ziehen können. Sind die Wechselkurse hingegen fest, dann ist es natürlich völlig unnötig, auszuwandern, um den Vorteil eines niedrigeren Lebensstandards anderswo zu erhalten. Es spielt keine

Rolle, ob sie "automatisch" durch einen Goldstandard oder, wie es offenbar auch beim Einbruch in den USA 1929 der Fall war, durch eine willkürliche Deflation festgesetzt werden, der Lohn- und Lebensstandard in den fortgeschritteneren Ländern wird dadurch auf den in den weniger fortgeschrittenen Ländern herrschenden Standard gesenkt.

Freier Austausch bedeutet freien Handel

Bei freiem Devisenhandel wären weder Zollschranken noch komplizierte Steuerabkommen nötig, die Nationen könnten zum gegenseitigen Nutzen Handel treiben, und der allgemeine Lebensstandard in den höher entwickelten Ländern wäre nicht durch den Wettbewerb mit dem Rest der Welt gefährdet. Echte Kreditvergabe und Kreditaufnahme zwischen den Nationen würden aufhören, eine Gefahr zu sein, und wären unbedenklich, wenn die internen Preisniveaus festgelegt und die Börsen frei wären. Kurz gesagt, der ganze komplizierte fiskalische Schnickschnack, der heute den grenzüberschreitenden Warenverkehr behindert, könnte verschwinden, wenn die Währungen der verschiedenen Länder nur zu ihrer jeweiligen Kaufkraft in ihrem eigenen Land umgetauscht werden könnten und wenn die willkürlichen Paritätsverhältnisse, die festgelegt wurden, als sie alle in Gold konvertierbar waren, ein für allemal aufgegeben würden. Da das Preisniveau in einem Land wie beschrieben festgelegt ist, wären die Schwankungen in den Devisenmärkten dann fast ausschließlich auf die Schwankungen des Preisniveaus im Ausland zurückzuführen, und das ist sicherlich auch richtig so.

Kompromiss kaum durchführbar

Viele einflussreiche Leute werden, schon allein deshalb, weil sie plötzliche Veränderungen ablehnen, einen Kompromiss eingehen wollen, indem sie das Bankensystem mit solchen Modifikationen und Sicherheitsvorkehrungen fortführen, die die moderne Geldphilosophie vorschlagen kann. Aber es liegt nicht in der Natur der Wissenschaft zu glauben, dass falsche Buchführung eine Sache für Kompromisse ist. Einige Leute müssen zum Schaden anderer profitieren, und das ganze Argument für einen Kompromiss zielt in Wirklichkeit darauf ab, herauszufinden, wie die Verletzungen am besten vor dem Wissen der ahnungslosen Opfer verborgen werden können.

Der entscheidende Punkt, bei dem kein Kompromiss möglich ist, ist natürlich die Gesamtgeldmenge, die immer öffentlich bekannt sein sollte, so wie es für das antike Münzgeld anerkannt wurde, das in Athen und Sparta viele Jahrhunderte vor Christus im Umlauf war. Die Befugnis, diese Gesamtgeldmenge zu erhöhen oder zu verringern, muss dem Bankensystem entrissen und der zentralen Kontrolle der Nation übertragen werden. Außerdem sind diejenigen, die im Jargon des Geldmarktes geboren und aufgewachsen sind, die Letzten, denen man die Entscheidung über die Erhöhung oder Verringerung der Geldmenge anvertrauen kann. All ihre Floskeln - "Spekulationsboom", "fiktiver Wohlstand", "Übervertrauen" und dergleichen -, die in der Vergangenheit von vermeintlich unparteiischen Studenten des Geldes so leichtfertig geschluckt wurden, sollten heute allgemein als die höfliche Art anerkannt werden, den Eingeweihten mitzuteilen, dass der Lebensstandard der

Arbeiterklasse gefährlich über das Existenzminimum ansteigt und dass die entsprechenden Manipulationen an der Geldmenge vorgenommen werden, um ihn zu senken.

KAPITEL IX

EHRLICHKEIT DIE BESTE GELDPOLITIK

THE Signs of a New Truth

Unsere Aufgabe wäre nicht vollständig, wenn dieses Buch dem Leser nicht wenigstens einen Hinweis auf die zunächst oft unscheinbaren, aber sich häufenden und ineinander verwobenen Zeichen geben würde, an denen ein wissenschaftlicher Forscher oder ein Pionier, der in neue Gebiete des Denkens vordringt, erkennt, dass er sich auf sicherem Boden befindet, auch wenn alle anderen ihn für verrückt halten. Dies ist eine philosophische Frage von großem Interesse, denn wenn wir die Geschichte des Fortschritts betrachten, scheint die Richtung, die er eingeschlagen hat, so oft eine Sache der Intuition und der Überzeugung zu sein und nicht von irgendetwas abzuhängen, das zu jener Zeit als überzeugender oder logischer Beweis akzeptiert worden wäre. Doch dies ist vielleicht ein äußeres oder massenhaftes Urteil derjenigen, die, bewusst oder unbewusst, eher die spätere praktische Erfahrung als grundlegende theoretische Prinzipien als Beweis akzeptieren.

Eines dieser Zeichen ist sicherlich, dass das, was wie ein Puzzle aus unzusammenhängenden Ereignissen und Rätseln aussieht, sich plötzlich zu einem Bild zusammenzufügen scheint, um sich dann wieder in einem Dunst der Ungewissheit zu verlieren, aber immer wieder zurückzukehren, jedes Mal ein wenig geordneter und eindeutiger.

Etwas davon muss vielen widerfahren sein, die, wenn sie sich einmal auf den Weg gemacht haben, die konventionellen Illusionen umzukehren, die durch die Ersetzung von Geld durch Reichtum hervorgerufen wurden, nicht mehr umkehren können, bis sie die konkrete Realität und die physischen Ideen überall an ihren rechtmäßigen Platz zurückgebracht haben, und nie wieder die konventionellen und impressionistischen Überzeugungen vertreten können, die heute noch über die Ursache und die Heilung der Unruhe in der Welt vorherrschen. Es scheint eine befriedigende Übereinstimmung zwischen der ganzen Natur des ungelösten Problems und der sich abzeichnenden Interpretation desselben zu geben, so dass keine einzige der Krankheiten, die die Beziehungen der Menschen heute heimsuchen, auf eine wirkliche physische Unzulänglichkeit zurückzuführen ist, wie sie die früheren Epochen der Geschichte kennzeichnete. Sie sind auf das genaue Gegenteil zurückzuführen, auf "Überproduktion", "Überfluss", "Wettbewerb um Märkte" und dergleichen, was das Fortbestehen von Armut und Elend zu einer physischen Absurdität macht. Wo Herr Baldwin fragte: "Was nützt es, Waren herstellen zu können, wenn man sie nicht verkaufen kann?", würde der neue Ökonom sofort sagen: "Warum können wir sie nicht verkaufen? Wozu ist Geld da?" und würde damit sofort den gordischen Knoten des ganzen Wirrwarrs durchschlagen.

Ein weiteres Zeichen ist die Projektion der neuen Sichtweise zurück in die Vergangenheit, und wie sie auch dort Licht auf das wirft, was vorher geheimnisvoll und unerklärlich war. In diesem Zusammenhang ist es ein erfreuliches Zeichen, dass viele moderne Geschichtsstudenten beginnen, die wichtige Rolle zu erkennen, die monetäre Ursachen bei den Schicksals- und Richtungswechseln gespielt haben, die die Nationen überrollt haben. Sie begreifen nun, dass diese monetären Ursachen eine weitaus zutreffendere Interpretation des wirklichen Geschehens liefern als die Persönlichkeiten und Motive derjenigen, die scheinbar die Hauptakteure des Dramas waren. In der Geschichte des letzten Jahrhunderts hatten wir Gelegenheit festzustellen, wie der Goldstandard gewirkt hat und wie er völlig unfähig war, die Auswirkungen eines falschen Währungssystems auf jedes einzelne Land zu begrenzen, wie es beabsichtigt war, sondern das Gebiet der Unruhen allmählich ausweitete und vergrößerte, bis es nun die ganze Welt erfasst hat.

Ein weiteres Zeichen für die Kraft einer neuen und wahren Idee ist ihre Ausdehnung über ihre unmittelbare Anwendung hinaus, um neues Licht auf verwandte Probleme zu werfen. So haben wir gesehen, dass der gleiche Fehler, der das Scheitern des Geldsystems erklärt, auch die alten Verwirrungen in der politischen und wirtschaftlichen Sphäre in Bezug auf das Kapital und den chronischen Kampf zwischen dem, was als Kapitalismus oder Individualismus bezeichnet wird, und dem Sozialismus erklärt, der heute mehr denn je im Zweifel ist.

Dies sind also einige der Kanäle, durch die eine neue Idee ihren Weg in den allgemeinen Geist findet, obwohl sie in Opposition zu ererbten und stereotypen Denkgewohnheiten steht, und es ist der bezeichnende Ruhm unseres Zeitalters, dass aufgrund der allgemeinen Beschleunigung des Lebensrhythmus, der breiteren und freieren Bildung, nicht nur der formalen Art, sondern in der Atmosphäre, die ein moderner Bürger atmet, diese Inkubationszeit unglaublich verkürzt wird. Während es vor einem Jahrhundert noch drei oder vier Generationen brauchte, bis etwas Neues im Denken in den allgemeinen Geist eindrang, sehen wir heute, wie der ganze Prozess von Jahr zu Jahr vor unseren Augen abläuft. Wenn man einmal die grundlegende Tatsache begriffen hat, dass wir in einem Zeitalter leben, das sich nur durch seine Wissenschaft und durch sein Verständnis und seine Beherrschung der physischen Realitäten der äußeren Welt auszeichnet, dann muss man sicherlich die logische Konsequenz akzeptieren, dass alles, was sich gegen die physische Realität richtet, keinen Bestand haben kann. Jeder Versuch, die Welt auf einem physikalisch unpassierbaren Weg zu ordnen, steht im Widerspruch zur Triebkraft des Fortschritts und kann, wenn er fortgesetzt wird, nur Unheil bringen. Kurz gesagt, wir leben in einem wissenschaftlichen Zeitalter, dessen Zweck durch das Überleben des Glaubens an das Geld als praktischen Verteilungsmechanismus vereitelt wird, der genau das Gegenteil von dem ist, was dieses Zeitalter möglich gemacht hat. Die Symptome und Auswirkungen sind von unendlicher Unklarheit und Komplexität, aber das Heilmittel ist weder unklar noch komplex. Es ist so verheerend einfach und wirksam wie die Korrektur eines Rechenfehlers.

Die Währungsreform beginnt zu Hause.
Der U.S.A.-Plan

Viele Menschen wollen die Geldreform zu einer internationalen Frage machen und haben die vage Vorstellung, dass Geld international sein sollte. Einige der Interessen, die dies befürworten, diejenigen, die wollen, dass auf dem höchsten Markt verdienen und auf dem niedrigsten Markt ausgeben kann, wurden bereits erwähnt. Andere sind der Meinung, dass es müßig ist, sich mit dem internen Geldsystem zu befassen, solange der internationale Bankier nicht unter Kontrolle ist. Viele sind der Meinung, dass die Politik von Präsident Roosevelt in Wirklichkeit auf ein Kräftemessen mit den internationalen Währungsinteressen abzielt, bevor man sich mit den Interessen im Inland befasst. Wie auch immer man darüber denken mag, sie scheint noch kein einziges klares Prinzip zu enthalten, das nach Ansicht des Verfassers für eine echte, dauerhafte Reform wesentlich ist. Die nationalen Ausgaben fuer den wirtschaftlichen Wiederaufbau in Amerika haben ein Ausmass, das den Vereinigten Staaten eine staendige Neuverschuldung auferlegt und zu einer Erhoehung der Steuern in der Groessenordnung von zusaetzlichen 100 Millionen Pfund pro Jahr fuehrt.

Es ist ein Irrtum, sich vorzustellen, dass eine Politik, die auf die Erhöhung der Staatsverschuldung abzielt, den monetären Interessen in irgendeiner Weise zuwiderläuft, denn das ist schließlich heutzutage der Hauptzweck des Krieges selbst. Wie auch immer sie oberflächlich als extravagant kritisiert werden mag, sie liegt genau auf der Hauptlinie des geringsten Widerstandes des alten Systems. Das Ziel dieses Systems ist die Vermehrung aller Formen von Staatsschulden. Die Nagelprobe der Reform ist deren Tilgung oder Rückzahlung aus den Einnahmen. Das alles wäre völlig unnötig gewesen, wenn die amerikanische Nation von Anfang an den einzigen sicheren Schritt zum endgültigen Erfolg getan hätte, anstatt ihn zu verschieben und vielleicht nie zu erreichen. Der erste Schritt besteht darin, sich mit der Frage des Geldes selbst zu befassen. Denn die Macht sowohl des internationalen als auch des internen Bankwesens hängt von der Fähigkeit ab, das interne Preisniveau ständig in Bewegung zu halten. Stellt man dies unter statistische nationale Kontrolle, indem man alles Geld national macht und die Gesamtsumme der ausgegebenen Gelder reguliert, und befreit die ausländischen Börsen, so hat eine Nation mit einem ehrlichen Geldsystem nichts von der Manipulation des Preisniveaus in anderen Ländern zu befürchten. Lässt man aber das Geld im eigenen Lande unehrlich und erlaubt, dass sein Preisniveau durch Schöpfung und Vernichtung nach Bedarf der Spekulanten verändert wird, so wird es früher oder später das sichere Opfer eines Angriffs von außen werden, der darauf abzielt, seinen Lebensstandard auf das niedrigste Niveau zu senken, das anderswo herrscht.

In dieser Hinsicht sind die Vereinigten Staaten sicherlich stärker und besser in der Lage, sich selbst zu schützen als die älteren und stärker verschuldeten Nationen Europas. Es mag sein, wie alle vernünftigen Menschen hoffen müssen, dass die mutigen positiven Schritte, die der Präsident der Vereinigten Staaten unternommen hat, um die künstliche Lähmung ihres Wirtschaftssystems durch das Bankensystem zu überwinden, ihn politisch stark und geachtet genug machen, um etwas zu tun, das wahrscheinlich dauerhaft wirksamer ist als alles, was er bisher versucht hat, dass er nämlich in der Lage sein wird, der Welt ein Geldsystem zu geben, das auf der physischen Realität beruht. Aber das scheint noch sehr zweifelhaft zu sein. Wenn argumentiert wird, dass Schnelligkeit der Kern des Problems war und dass schnelle Rückflüsse aufgrund der weit verbreiteten akuten Notlage unabdingbar waren, so ist es ebenso schnell, neues Geld richtig wie falsch zu emittieren, wenn die damit verbundenen Prinzipien verstanden werden. Auf jeden Fall musste die Nation eine provisorische Kontrolle über das gesamte Bankensystem übernehmen, und unter diesen Umständen hätte die vorhandene Menge bis zur vollständigen Abschaffung der privaten Geldemission stabilisiert und durch nationale Emissionen erhöht werden können. Wäre dies durch die Aufnahme von echten Krediten und deren Rückführung in den Umlauf durch die Ausgabe von neuem Geld mit entsprechendem Steuererlass geschehen, wäre das Preisniveau nicht gestört worden. Wollte man hingegen bewusst die Preise erhöhen, so kann niemand behaupten, dass dies ohne Schwierigkeiten möglich wäre - die echten Anleihen wären in diesem Umfang nicht notwendig gewesen. Die Situation wäre dann vom ersten Moment an absolut unter nationaler Kontrolle gewesen.

Synopse der Reformprinzipien

Wie auch immer es gemacht wird, es kann keine Frage sein, was getan werden muss. Das Geld ist eine Schuld, die nicht zurückgezahlt werden kann, weil es nichts gibt, womit es zurückgezahlt werden kann, und das Kapital ist eine Schuld, die nicht zurückgezahlt werden kann, weil es dagegen nur Dinge des gesellschaftlichen Gebrauchs gibt, die nie wieder in das umgewandelt werden können, was der Einzelne braucht und verbraucht. Was das erste betrifft, so soll es von und für die ganze Nation ausgegeben werden, sobald Waren auf dem Markt erscheinen, die ohne Geld zu gebrauchen und zu konsumieren sind und die nicht verkauft werden können, ohne die Preise zu drücken. Was die zweite betrifft, so soll man alle Schulden tilgbar machen, indem man einen Teil der Erträge, die sie abwerfen, für die Tilgung vorsieht und bei nichtproduktiven Dauerschulden den Ertrag so berechnet, dass die Abzinsung des künftigen Wertes des Kapitals auf seinen Wert in der Gegenwart sowie die Erhöhung dieses Wertes in der Zukunft berücksichtigt wird. Im ersten Fall haben wir physische

Zähler anstelle von magischen Nullen unter Null, und im zweiten Fall sind Zuwächse in der Zukunft auch Rückgänge in der Vergangenheit.

Was die Übergangsphasen anbelangt, so sollte ein Preisindex für die wichtigsten Ausgaben eines durchschnittlichen Mittelklasse-Haushalts festgelegt werden, die Banken sollten verpflichtet werden, stets Pfund für Pfund nationales Geld auf ihren Girokonten zu halten, das per Scheck abgehoben werden kann, es sollte ein nationales statistisches Beratungsbüro auf unabhängiger wissenschaftlicher Grundlage eingerichtet werden, und die Münzanstalt sollte für die Ausgabe des gesamten Geldes neu eingerichtet werden. Vermeiden Sie Pläne zur Verstaatlichung der Banken wie die Pest. Es geht darum, die private Münzprägung zu unterbinden und das Geld selbst zu verstaatlichen, nicht darum, die rechtmäßige Buchführung oder andere Finanzinstitute zu kontrollieren. In Zukunft sollten einerseits die Erlöse aus der Geldemission für die Entlastung der Steuerzahler und andererseits die Erlöse aus der Besteuerung "unverdienter Einkommen" für den Kauf des Kapitals, aus dem sie stammen, durch die Nation für verwendet werden. Diese decken zumindest alles ab, was im Hinblick auf die interne Reform des Systems auf möglichst einfache und offene Weise und mit einem Minimum an Eingriffen in die wirtschaftliche Organisation der Nation grundlegend und wesentlich erscheint.

Befreien Sie die Exchanges

Was die außenwirtschaftlichen Transaktionen angeht, sowohl mit anderen Nationen als auch mit den Mitgliedern der eigenen Familie, so soll der Austausch frei sein und auch unter nationale Kontrolle gestellt werden. Lasst sie ihr eigenes Niveau finden und zieht die Nationen nicht auf das Niveau der niedrigsten herab. Vergessen wir, wie viele Dollar in Amerika, Francs in Frankreich oder Mark in Deutschland unter dem Goldstandard in das Pfund umgetauscht wurden, und sorgen wir dafür, dass genauso viele in das Pfund umgetauscht werden, die in dem betreffenden Land dasselbe kaufen wie das Pfund hier. Reduzieren Sie Gold auf den Rang einer Ware, die lediglich der bequemen internationalen Abrechnung dient, und lassen Sie es wie jede andere Ware kaufen und verkaufen. Dann gibt es keinen Vorteil oder Nachteil im Tausch des Geldes eines Landes gegen ein anderes, der sich nicht sofort dadurch ausgleicht, dass es einfacher wird, mit Waren statt mit Geld zu bezahlen. Dann können die Länder nur noch ihre eigenen Waren und Dienstleistungen verleihen und mit denen ihrer Schuldner zurückbezahlt werden. Anstatt Rivalen und Feinde auf den Märkten der anderen zu sein und Zollschranken zu errichten, um den eigenen Markt zu schützen, und alle gleichermaßen die Dummköpfe komplizierter Finanzoperationen zu sein, bei denen A leiht, was B borgt, und C liefert, werden die Nationen durch ihren Austausch geschützt sein und endlich Frieden finden.

Hohe Ansprüche? Ja, aber die Hälfte ist noch nicht gesagt. Lasst nur eine einzige Nation im Gewand der Ehrlichkeit bewaffnet hervorgehen, und sie kann der Welt gegenübertreten, ohne die Schikanen und Verschwörungen zu fürchten, die immer noch für die Währungssysteme anderer Länder dienen. Roosevelt, so scheint es, glaubt politisch nicht daran, aber wissenschaftlich scheint es dennoch wahr zu sein. Die Reform beginnt zu Hause. Der Völkerbund soll sich darum kümmern. Der Versuch, die ganze Welt zu reformieren, ohne sich zuerst mit dem Übel in unserer Mitte zu befassen, mag ein Kreuzzug sein, aber es ist keine praktische Politik. Aber das Schwert und den Schild der Wahrheit umgürten, hieße, die ganze Welt zu unserem Verbündeten zu machen, auch wenn alle draußen noch in der Gewalt der Geldmacht wären. Wie Major Douglas in diesem Zusammenhang weise gesagt hat, löst man ein Problem nicht, indem man es vergrößert.

Die wahre universelle Diktatur

Zweifellos werden sich viele über die Idee lustig machen, dass ein so simpler Begriff wie "ehrliches Zählen" in der heutigen Zeit der Schlüssel zu Problemen ist, die die kollektive Weisheit der Staatsmänner und Berater der Welt über Generationen hinweg verwirrt haben. Aber was verdankt die moderne Welt ihnen? Es ist eine Welt, die genau durch diese Art von Ehrlichkeit und durch die Abschaffung aller angeblichen Wunder geschaffen wurde, indem das Reich der physischen Realitäten in die Vorhölle des Aberglaubens und der Magie verbannt wurde.

Es ist ein merkwürdiger Gedanke, dass die früheste Beschreibung der Dampfmaschine in der Antike ihre Verwendung für das magische Öffnen der Tempeltüren beschreibt, wenn die Priester die Feuer auf den Altären anzündeten, um die Bevölkerung zu täuschen, indem sie einer Gottheit zuschrieben, was das Werk des Ingenieurs war. In ähnlicher Weise wird heute die schier grenzenlose Fülle der schöpferischen wissenschaftlichen Entdeckungen und Erfindungen des Zeitalters von einer Hierarchie von Hochstaplern und Betrügern dazu benutzt, auf geheimnisvolle Weise die Türen zum Allerheiligsten der Tempel des Mammons zu öffnen, und es ist die erste Aufgabe einer vernünftigen Zivilisation, sie zu entlarven und auszuräumen.

Schluss mit der Behauptung, die Ökonomie habe sich nicht mit Moral zu befassen, denn die Moral, um die es hier geht, ist eine Selbstverständlichkeit für die Ökonomie, sonst gäbe es ja gar kein Wirtschaftssystem. Die Öffentlichkeit, wenn auch nicht die Ökonomen, ist sich nach den Erfahrungen der Kriegs- und Nachkriegsepoche der heimtückischen Betrügereien, zu denen das System der Geldschöpfung und -vernichtung verleitet hat, voll bewusst und sollte auf ehrlichem Geld bestehen, das unendlich wichtiger ist als ehrliche Gewichte und Maße. Das "Kreditsystem", das im letzten Jahrhundert als großer Fortschritt bei der Erleichterung des Handels und der Spekulation verehrt wurde, erscheint jetzt als ein ziemlich kindischer Apparat zur Berechnung des Geldes von einer sich ständig verändernden Bezugslinie unterhalb des Nullpunkts aus, der zweifellos einmal nützlich war, jetzt aber wieder in die Brüche geht.

Wertvolle Güter im Wert von Tausenden von Pfund, deren Herstellung Monate gedauert hat, gehen in den Besitz von Menschen über, die nicht eine Handbreit zu ihrer Herstellung beigetragen haben, indem sie hinter den Türen des Heiligtums irgendeines Bankmanagers einen Kratzer in ein Bankbuch gemacht haben. Millionen von Arbeitsstunden stecken in einer Warensendung, vielleicht ans andere Ende der Welt, und, schwupps, wird der Exporteur dafür bezahlt und erhält die Erlaubnis, sich an den Waren seiner eigenen Nation zu bereichern, bevor die von ihm verkauften Waren überhaupt den Hafen verlassen. Schlimmer noch, wenn die ausländischen Waren ankommen, um sie zu bezahlen, verschwindet das geschaffene Geld. So wird unter dem kabbalistischen Abrakadabra der "diskontierten Wechsel", der "Akzepte", des "Tages- und Kurzzeitgeldes" das Zusammenleben der Nationen zur Unmöglichkeit, und auch sie müssen verschwinden, damit nichts die Verwirklichung des physikalisch Unmöglichen, des Zählens unterhalb der Ebene, wo es etwas zu zählen gibt, behindert.

Es darf kein Irrtum darüber bestehen, was falsch ist. Es ist weder der Wechsel an sich noch irgendeines der legitimen Mittel, die die Handelswelt zur Erleichterung des internationalen Handels erfunden hat, sondern alle Banktricks, die nicht durchgeführt werden könnten, wenn das Geld aus physischen Token oder Zählern bestünde, die zahlenmäßig nicht negativ gemacht werden können. Wäre dies der Fall, dann könnte niemand,, Geld bekommen, ohne dass jemand anderes es hergibt, außer dem Staat, der das Geld in erster Linie emittiert. Der Härtetest ist, wie das Heilmittel, wirklich verheerend einfach, aber das wird die Banker nicht davon abhalten, sich bis zum letzten Moment dagegen zu wehren, die zwar alle möglichen lächerlichen Behauptungen aufstellen, dass sie mit ihren Methoden nicht ständig Geld schaffen und zerstören, aber nicht wollen, dass diese Behauptungen diesem einfachen physikalischen Test unterzogen werden.

Ist es so absurd zu behaupten, dass der ganze Komplex des weltweiten Wahnsinns geheilt werden könnte und würde, wenn man den Bankier durch eine ehrliche Rechenmaschine ersetzen würde? Diese Art von Diktatur existiert in der Tat bereits überall, unabhängig davon, was man vorgibt, und die Nation, die als erste die Wahrheit erkennt, wird weder einen anderen Diktator in ihrem Reich einsetzen noch Aggression oder Einmischung von außen fürchten müssen.

Reculer Pour Mieux Sauter

So haben wir den Ursprung der heutigen sozialen und internationalen Unruhen und die Vereitelung der segensreichen wissenschaftlichen Fortschritte und Erfindungen, die die primären Kräfte der Natur in den Dienst des Menschen gestellt haben, auf eine einzige Ursache zurückgeführt, auf Schulden, die von ihrer Natur her niemals zurückgezahlt werden können! Man hat zwei Klassen unterschieden. Die erste ist die Schuld der Güter und Dienstleistungen, die mit der Entstehung des Geldes aufgegeben werden, um den direkten Austausch durch Tausch zu ersetzen und die Zeitspanne zwischen Produktion und letztendlicher Nutzung oder Konsum zu überbrücken. Die zweite ist die Kapitalschuld des Geldes, das von den Individuen aufgegeben wird, um die Gemeinschaft mit den Gütern und Dienstleistungen zu versorgen, die für den Aufbau der allgemeinen Produktionsorganisation erforderlich sind und die bei der Herstellung der Anlagen und des Zubehörs *verbraucht werden*, die vor der Aufnahme der Produktion erforderlich sind. Diese Produkte haben keinen Nutzen für den Verbraucher und können naturgemäß nicht zur Rückzahlung der Gläubiger verwendet werden.

Um die Leiden der Welt zu lindern, sind alle Tricks, Ausflüchte und Aufschübe vergeblich versucht worden, und viele andere werden vorgeschlagen, aber ein Heilmittel bleibt übersehen, das sich durch seine Direktheit, Einfachheit und Wirksamkeit von allen Linderungen, Verbesserungen und Kompromissen, den blinden inner- und zwischenstaatlichen Auseinandersetzungen und Konflikten und dem ermüdenden Reigen sozialer und wirtschaftlicher Kämpfe unterscheidet. Es ist die Wahrheit.

Ehrlichkeit ist die beste Politik, und nirgendwo könnte das alte Sprichwort deutlicher sein als beim Geld selbst. Lassen Sie uns in dieser Hinsicht, wie die Franzosen sagen, *reculer pour mieux sauter*. Lassen Sie uns keinen Schritt vorwärts machen, bevor wir nicht den ersten zurückgenommen haben.

Was ist rechtmäßig zu schaffen? -Reichtum oder Geld?

Unser politischer, sozialer und juristischer Apparat mag veraltet sein und Veränderungen im Denken und in der Praxis benötigen, um den neuen Bedingungen und Formen, durch die die Menschen ihren Lebensunterhalt verdienen, Raum zu geben. Unsere Formen des menschlichen Zusammenlebens mögen marode sein, unser Glaube an sie mag erschüttert sein, und der Geist der Menschen mag sich verfinstern. Aber das sind nicht die Ursachen , sondern die Folgen. Wer wagt es zu behaupten, dass es außerhalb des Gesetzes und der Verfassung dieses oder irgendeines Landes liegt, wenn es gelingt, die Arbeit des Lebens zu erleichtern und den Menschen zu ermöglichen, weniger wie Tiere zu leben? Oder wer wagt es zu behaupten, dass es innerhalb des Gesetzes liegt, Geld zu verbreiten und zu vernichten

Das Geldsystem ist weder veraltet noch senil. Es ist neu, aufmüpfig und herrisch, es besiegt den technischen Fortschritt, indem es ihn in Kanäle der Zerstörung verwandelt, und es fordert die Autonomie nicht nur einer Nation, sondern aller heraus, so dass die ursprünglichen Autoritäten, die für die Bewahrung dieser Autonomie geschaffen wurden, sich ihm beugen müssen, um überhaupt regieren zu können. Durch die nationalen Grenzen behindert, kann es durch nichts zufriedengestellt werden, bis die ganze Welt für das Bankwesen sicher gemacht ist, damit seine grundlegende Zahlungsunfähigkeit nicht aufgedeckt wird. Unter dem fadenscheinigen Deckmantel einer Einigung der Menschheit strebt sie eine absolute Diktatur an, unter der niemand leben darf, der nicht von ihr begünstigt wird und ihre transzendenten Launen fördert.

Der britische Weg

Lassen wir uns nicht, wie andere Länder, die von diesen unsozialen Neuerungen erfasst wurden, von der Freiheit des Individuums und des persönlichen Lebens abbringen ( ), oder lassen wir uns von diesem neuen Absolutismus in Paroxysmen vergeblicher Verzweiflung treiben. Sehen wir ihn als das, was er ist: Er bezieht seine Macht aus der Verleihung von Lebenslizenzen, seine Einnahmen aus dem Tribut, den ausnahmslos alle an ihn zahlen müssen, und seine unwiderstehliche Herrschaft aus der Konsequenz, die einer betrogenen Welt erst jetzt dämmert, dass seine Darlehen fiktiv sind und seine Pfandscheine niemals wieder eingelöst werden können. Lasst uns zurückgehen, wo andere nicht gewagt haben, sich zu bewegen, und vorwärts drängen, wo sie zurückgehen mussten. Versklaven wir die Menschen nicht, damit Heuchler herrschen können, sondern nehmen wir unsere souveräne Macht über das Geld zurück, damit die Menschen frei sein können. Es ist ein Weg, den die Briten schon einmal beschritten haben.

Das kostspielige System der juristischen Maschinerie, das wir aufrechterhalten, um solche Dinge zu verhindern, ist nicht als Handlanger der Regierung entstanden oder in der öffentlichen Wertschätzung gewachsen, sondern weil es vor langer Zeit das Bollwerk der Völker gegen den Verrat der Regierungen war. Auch wenn das Lügen gegen Bezahlung der Königsweg zur Beförderung ist, so ist die Prüfung der Wahrheit doch das Ziel des Rechts. Auch wenn die Vorboten eines neuen Armageddon sich aufschwingen, sollte die Wahrheit geprüft werden - innerhalb oder außerhalb des Gesetzes. Vorzugeben, nichts zu hören, nichts zu wissen, die Organe der öffentlichen Bildung zu betäuben, die Starken in eine Falle und die Weisen in einen Nebel zu locken - ist auch das eines der Übel der Wissenschaft oder ihre Verneinung?

Soll die Frage vor den Gerichten oder auf einer Wahlveranstaltung geklärt werden? Braucht man eine Mehrheit, um ein nicht aufgehobenes Gesetz wieder in Kraft zu setzen, um Fälschungen zu stoppen, weil es alle mitgenommen hat? Ist es notwendig, das Gesetz zu brechen, um dem Gesetz Geltung zu verschaffen, oder muss man sich auf demokratische Organisationen verlassen, die immer von vornherein von den Interessen, die sie angeblich bekämpfen, gesteuert werden? Ist es möglich, einen Kompromiss mit einer Lüge zu schließen, indem man neue erfindet, um die erste zu vertuschen? Lasst uns unser Geldsystem auf das schmale Maß der Ehrlichkeit zurückführen, als ersten Schritt zu einem Sprung nach vorne auf das breite Maß des Fortschritts. Es vergiftet die Luft, die die Menschen atmen, verdirbt sie für das Leben oder mästet sie für den Tod, und legt seinen Fluch der Wissenschaft auf.

Der wahre Antagonist

Das Geldsystem beruht in Wirklichkeit auf genau dem Irrtum, dem die westliche Zivilisation ihre Größe verdankt, indem sie ihn schlichtweg leugnet. Es dient nur der

Bequemlichkeit einer parasitären und aufstrebenden Plutokratie, die eine Weltweisheit praktiziert, die das genaue Gegenteil von dem ist, was die Grundlage des Zeitalters ist. Sie bevorzugt die Dunkelheit in Zeiten, in denen alle Menschen das Licht suchen, und sät die Saat des Hasses und des Krieges in einer Welt, die des Streits überdrüssig ist. Sie vergiftet die Quellen der westlichen Zivilisation, und die Wissenschaft muss sich von der Eroberung der Natur abwenden, um sich mit einem finsteren Gegner auseinanderzusetzen, oder sie verliert alles, was sie gewonnen hat.

ENVOI

Klar wie Kristallwasser entspringen die Quellen der Wahrheit.
So klar entsprang einst die Wissenschaft, die den Strom
Der Strom des Reichtums, der jetzt gestaut ist und aufsteigt
Um das Zeitalter hinwegzufegen, das die Wiedergeburt scheut.

Jungfräulich entspringt die Quelle wieder, ein Augenblick geboren
Unbefleckt vom Geschlechtsverkehr, ein Augenblick Gott
Um den Herzschlag der Menschheit zu formen
Und den Glauben ganz und gesund werden zu lassen.

BIBLIOGRAPHIE

1. *Reichtum Virtueller Reichtum und Verschuldung.* F. Soddy. (Allen and Unwin.) 1926. Neue Ausgabe mit Zusatz, 1933.

Darin sind die ursprünglichen Ideen der Energietheorie des Reichtums und der Theorie des virtuellen Reichtums des Geldes enthalten, die in *Cartesian Economics* (Hendersons), 1922, und anderen Broschüren angedeutet wurden.

2. *Geld gegen Mensch.* F. Soddy. (Elkin Mathews und Marrot.) 1931. Eine prägnante Darstellung desselben.

Zu den Büchern, die den oben genannten Gesichtspunkten am ehesten entsprechen, gehören:

3. *Die Hauptursache der Arbeitslosigkeit.* Denis W. Maxwell. (Williams und Norgate.) 1932. 75. 6J.

4. *Promise to Pay*, R. McNair Wilson. (Routledge and Sons.) 1934. Omnia Veritas Ltd, 2014.

(Beide befassen sich insbesondere mit dem internationalen Handel, wobei letzterer zu Recht den Anspruch erhebt, das Thema für jeden über 16 Jahren verständlich zu machen).

Ein weiteres aktuelles Buch, das sich mit der Situation in verschiedenen Ländern befasst, ist

5. *Der Zusammenbruch des Geldes: Eine historische Erläuterung.* C. Hollis. (Sheed and Ward.) 1934.

Eine gemäßigte Stellungnahme zu den "Social Credit"-Vorschlägen von Major Douglas mit einer Bibliographie der Literatur findet sich in:

6. *Das Zeitalter des Überflusses.* C. Marshall Hattersley. (Sir Isaac Pitman and Sons.) 1929.

Die folgenden Bücher sind das erste und das letzte Buch von S. A. Reeve:

7. *Kosten des Wettbewerbs.* S. A. Reeve. (New York: McClure, Phillips and Co.) 1906. Beschäftigt sich mit der Verschwendung von Aufwand im wettbewerbsorientierten "Kommerzialismus".

8. *Die Naturgesetze der sozialen Konvulsion.* S. A. Reeve. (New York: Dutton and Co.) 1933. Erläutert die Theorie der Kriege und der Revolution, die in diesem Buch angenommen wird.

Das System und die Vorschläge von Silvio Gesell finden Sie in:

9. *Die natürliche Wirtschaftsordnung.* Silvio Gesell, übersetzt von P. Pye aus der 6ten deutschen Ausgabe (Neo-Verlag, Berlin-Frahnau), 1929.

10. *Freies Geld.* J. Henry Büchi. (Search Publishing Co.) 1933. 5.

11. *Briefmarke Scrip.* Irving Fisher. (Adelphi Co., New York.) 1933; Beschreibt die plötzliche Ausbreitung von Gesells Geld in den USA und ist als praktischer Leitfaden für Gemeinden gedacht, die diese neue Form der Währung einführen wollen.

Für Informationen über Technokratie:

12. *Der A.B.C. der Technokratie*, Frank Arkright. (Hamish Hamilton.) 1933. is. td.

13. *Was ist Technokratie?* Allen Raymond. (McGraw Hill Book Co.) 1933. 65.

14. *Die Ingenieure und das Preissystem.* Thorstein Veblen. 1921. Nachdruck von Viking Press, New York, 1934.

15. *Die Wirtschaft des Überflusses.* Stewart Chase [Macmillan and Co., New York]. 1934.

Das ehrlichste orthodoxe Buch über Geld (vom sozialistischen Standpunkt aus) ist:

16. *Was jeder über Geld wissen will.* G. D. H. Cole and Eight Others. (Victor Gollancz, Ltd.) 1933. 5.

Ein ausgezeichneter Bericht über die frühe Geschichte des "Bankwesens" und die Folgen der Versuche der Regierung, es zu regulieren, ist:

17. *Industrielle Gerechtigkeit durch Bankenreform.* Henry Meulen. (R. J. James, Ltd.) 1917.

Zwei Bücher über die gegenwärtige "Flaute

18. *Warum die Krise?* Lord Melchett. (V. Gollancz, Ltd.) 1931.

19. *Die Wahrheit über die Rezession.* A. N. Field. P.O. Box 154, Nelson, New Zealand. 1932. (Privat gedruckt.)

Einige der zahlreichen Schriften von Arthur Kitson, dem Doyen der britischen Währungsreformer, seien hier genannt:

20. *Eine wissenschaftliche Lösung der Geldfrage.* 1894.

21. *Eine Ecke in Gold.* (P. S. King und Sohn.) 1904.

22. *Ein betrügerischer Standard.* (P. S. King und Sohn.) 1917.

23. *Arbeitslosigkeit. The Cause and a Remedy.* (Cecil Palmer.) 1921.

24. *Die Banker-Verschwörung, die die Weltkrise auslöste,* (Elliot Stock.) 1933.

Und schließlich eine aktuelle Studie über die Lehren der Neuen Ökonomie:

25. *Die moderne Idolatrie. Eine Analyse des Wuchers und der Pathologie der Verschuldung.* Jeffry Mark [Chatto and Windus]. 1934.

Andere Titel

OMNIA VERITAS
OMNIA VERITAS LTD PRÄSENTIERT
Wenn es ein Buch gibt, das den Kern all der Umwälzungen in der Welt auf den Punkt bringt, und was wir tun müssen, um sie zu stoppen, dann ist es dieses.
ROTE PANDEMIE
DER GLOBALE MARXISTISCHE KULT
Das entscheidende Thema in der heutigen Welt ist die marxistische Indoktrination

OMNIA VERITAS
Omnia Veritas Ltd präsentiert:
Ein exklusives und unveröffentlichtes Werk
EUSTACE MULLINS
BLUT UND GOLD
Der CFR, der von Internationalisten und Bankeninteressen gegründet wurde, hat eine wichtige Rolle bei der Gestaltung der US-Außenpolitik gespielt.
EUSTACE MULLINS
Revolutionen werden nicht von der Mittelschicht gemacht, sondern von der Oligarchie an der Spitze

OMNIA VERITAS
OMNIA VERITAS LTD PRÄSENTIERT:
JOHN COLEMAN
DAS TAVISTOCK-INSTITUT
für MENSCHLICHE BEZIEHUNGEN
Gestaltung des moralischen, spirituellen, kulturellen, politischen und wirtschaftlichen Niedergangs der Vereinigten Staaten
von John Coleman
Ohne Tavistock hätte es weder den Ersten noch den Zweiten Weltkrieg gegeben ...
Die Geheimnisse des Tavistock Institute of Human Relations

OMNIA VERITAS
OMNIA VERITAS LTD PRÄSENTIERT:
DIE HIERARCHIE DER VERSCHWÖRER
DIE GESCHICHTE DES KOMITEES DER 300
von John Coleman
Diese offene Verschwörung gegen Gott und die Menschheit beinhaltet die Versklavung der Mehrheit der Menschen...

OMNIA VERITAS
OMNIA VERITAS LTD PRÄSENTIERT:
DIE ÖLKRIEGE
VON JOHN COLEMAN
Die historische Erzählung der Ölindustrie führt uns in die Windungen der "Diplomatie".
Der Kampf um die Monopolisierung der von allen Nationen begehrten Ressource

OMNIA VERITAS
OMNIA VERITAS LTD PRÄSENTIERT:
DIE ROTHSCHILD-DYNASTIE
JOHN COLEMAN
DIE ROTHSCHILD DYNASTIE
von John Coleman
Historische Ereignisse werden oft durch eine "verborgene Hand" verursacht...

OMNIA VERITAS
OMNIA VERITAS LTD PRÄSENTIERT:
ROGER GARAUDY
DIE GRÜNDUNGSMYTHEN
DER ISRAELISCHEN POLITIK
ROGER GARAUDY
DIE GRÜNDUNGSMYTHEN DER ISRAELISCHEN POLITIK
Wer ist schuldig? Wer begeht das Verbrechen oder wer prangert es an?

OMNIA VERITAS
Omnia Veritas Ltd präsentiert:
DER ϟϟ-ORDEN
ETHIK & IDEOLOGIE
von EDWIGE THIBAUT
EDWIGE THIBAUT
DER ϟϟ-ORDEN
ETHIK & IDEOLOGIE
Die außergewöhnlichste politisch-militärische Formation, die die Menschheit je gesehen hat

OMNIA VERITAS
OMNIA VERITAS LTD PRÄSENTIERT:
DIE
ENTEIGNETE
MEHRHEIT
DAS TRAGISCHE UND DEMÜTIGENDE SCHICKSAL DER AMERIKANISCHEN MEHRHEIT